Sünde, Schuld und Vergebung
aus Sicht evangelischer Anthropologie

Sünde, Schuld und Vergebung aus Sicht evangelischer Anthropologie

Ein Grundlagentext des Rates der Evangelischen Kirche in Deutschland

Herausgegeben von der Evangelischen Kirche in Deutschland (EKD)

Bibliographische Information der Deutschen Nationalbibliothek
Die Deutsche Nationalbibliothek verzeichnet diese Publikation in der
Deutschen Nationalbibliographie; detaillierte bibliographische Daten
sind im Internet über *http://dnb.dnb.de* abrufbar.

© 2020 by Evangelische Verlagsanstalt GmbH · Leipzig
Printed in Germany

Das Werk einschließlich aller seiner Teile ist urheberrechtlich geschützt.
Jede Verwertung außerhalb der Grenzen des Urheberrechtsgesetzes ist ohne
Zustimmung des Verlags unzulässig und strafbar. Das gilt insbesondere für
Vervielfältigungen, Übersetzungen, Mikroverfilmungen und die Einspeicherung
und Verarbeitung in elektronischen Systemen.

Das Buch wurde auf alterungsbeständigem Papier gedruckt.

Cover: Anja Haß, Leipzig
Coverbild: Ausschnitt aus Giorgio de Chirico, Der verlorene Sohn;
           © Archivart/Alamy Stock Foto, © Giorgio de Chirico/VG Bildkunst
Satz: druckhaus köthen GmbH & Co. KG
Druck und Binden: CPI books GmbH, Leck

ISBN 978-3-374-06743-5

www.eva-leipzig.de

Vorwort

„Es ist ein klein Büchlein, so das Papier wird angesehen, aber doch die ganze Summa eines christlichen Lebens darinnen begriffen, so der Sinn verstanden wird!" So führt Luther im Begleitschreiben an Leo X. seinen kurzen Traktat ein, den er dem Papst im Jahr 1520 zusendet. Es ist ein letzter Versuch der Verständigung mit Rom, nachdem der Papst über den Wittenberger Mönch bereits den Bann verhängt hat. Die kleine Schrift trägt den Titel „Von der Freiheit eines Christenmenschen". Sie zählt zu den drei Hauptschriften Luthers, die 2020 fünfhundert Jahre alt werden.[1] Bis heute gehören sie zum Kanon reformatorischer Texte und zum Kernbestand protestantischer Theologie. Daran erinnern wir in diesem Jahr.

Dass Luther die „Freiheit" als Summe christlichen Lebens ansieht, mag überraschen; gilt doch nach verbreiteter Auffassung die „Rechtfertigung des Sünders" als Zentrum seiner Theologie. Das kann leicht missverstanden werden, vor allem, wenn man den Ton auf das Wort „Sünder" legt. Die Reformation propagiere ein negatives Menschenbild. Der Mensch werde auf sein moralisches Versagen festgelegt. So lauten gelegentlich die Vorwürfe.

---

1 Neben der Freiheitsschrift ist sind dies die beiden Schriften „An den christlichen Adel deutscher Nation von des christlichen Standes Besserung" mit kirchlichen Reformvorschlägen und „De captivitate Babylonica ecclesiae praeludium" (Vorspiel zur Babylonischen Gefangenschaft der Kirche" über die Sakramentenlehre der Kirche. Vgl. das Werkbuch „Befreit! – Martin Luthers Hauptschriften von 1520". Hg. im Auftrag der Kirchenleitung der VELKD. Heiko Franke, Georg Raatz (Hgg.), Leipzig 2020.

Bei Luther liegt der Akzent aber nicht auf der Sünde, sondern auf der Rechtfertigung. Sie befreit den Menschen zu einem von Gottes- und Nächstenliebe geprägten Leben. „Rechtfertigung und Freiheit" gehören darum zusammen; sie sind wie die Kehrseiten einer Medaille. Das war die Pointe des gleichnamigen EKD-Grundlagentextes aus dem Jahr 2014 im Vorfeld des Reformationsjubiläums 2017, den eine Ad-hoc-Kommission unter der Leitung von Prof. Dr. Dr. h.c. mult. Christoph Markschies verfasst hat. Der Rat der EKD hatte daraufhin die Kammer für Theologie der EKD gebeten, die Bedeutung von Rechtfertigung und Freiheit weiter zu entfalten. Ein Jahr darauf erschien dann der Grundlagentext „Für uns gestorben. Die Bedeutung des Todes Jesu". Er beschreibt das Kreuz als Zeichen der Menschenfreundlichkeit Gottes und der Versöhnung der Welt für unsere Zeit. Der vorliegende Text schließt daran an und fragt, warum der Mensch auf Versöhnung und Vergebung angewiesen ist: Warum macht Sünde den Menschen unfrei?

Das Verständnis des Menschen als Sünder erscheint heute vielen Menschen fremd und negativ. In der Alltagssprache begegnet das Wort fast nur noch als ironisierende oder banalisierende Bezeichnung für kleinere oder größere Verfehlungen. Dabei bleibt in der Regel unbeachtet, dass die reformatorische Rede von der Sünde in den Horizont der Gottesbeziehung gehört und sich erst als Glaubenserfahrung in ihrer ganzen Tiefe erschließt.

Moralisches Versagen ist nur eines von vielen „Symptomen" dessen, was Luther als Sünde beschreibt. Der Reformator spricht von der „Verkrümmung des Menschen in sich selbst". Sie nimmt dem Menschen die Freiheit, sich selbst, den Nächsten und Gott zu lieben. Erfahrungen des Versagens gegenüber Maßstäben, denen wir uns eigentlich verpflichtet sehen, kennt jeder. Wo wir das wahrnehmen, empfinden wir Schuld, die wir von uns aus nicht überwinden können. Anhand solcher Erfahrungen lässt sich verdeutlichen, was christlicher Glaube und mit ihm die Reformatoren unter Sünde verstehen: eine Beziehungsstörung, die nicht allein das Gottesverhältnis, sondern alle Relationen betrifft, in denen wir leben. Ich bin davon überzeugt, dass ein solches an der Bibel und der reformatorischen Theologie orientiertes Verständnis des Menschen auch außerhalb der Kirche anschlussfähig ist.

Der wichtigste Ort, an dem Sünde heute noch regelmäßig Thema ist, ist der christliche Gottesdienst. Hier setzt der vorliegende Text an. Im Gottesdienst wird von Sünde nicht in sachlicher Distanz geredet. Sie wird als Schuld bekannt und es wird Vergebung zugesprochen. Das kennzeichnet den Gottesdienst als Schutz- und Freiraum in einer Gesellschaft, in der Schuld vor allem als Vorwurf und Verurteilung präsent ist. Das Evangelium befreit vom Zwang, sich selbst rechtfertigen zu müssen.

Die evangelische Rede von der Sünde schärft aus der Perspektive der Gottesbeziehung den Blick für menschliche „Fehlhaltungen". Diese manifestieren sich vielfältig, sei es als Selbstgefälligkeit, als Rücksichtslosigkeit, in der Bequemlichkeit oder Lüge oder im zersetzenden Hass (Kapitel 2). Auch in unserer Lebenswelt lassen sich Orte benennen, an denen Menschen schuldig werden, wo aber auch Vergebung möglich ist (Kapitel 5). Diesem „Realismus" der Sünde gehen die weiteren Überlegungen dieses Buches auf den Grund. Das Wesen der Sünde wird als „Verfehlung" beschrieben (Kapitel 3) und nicht als einzelnes Vergehen. Der Mensch „verfehlt" in seinem Streben nach Freiheit, Glück, Gerechtigkeit und Sinn das Gute insgesamt.

Die biblische Tradition (Kapitel 4) hilft, diese Glaubenserfahrung zu erschließen und zu vertiefen. Dass es in der Geschichte der Kirche auch ein Sündenverständnis gegeben hat, das den Menschen klein macht und seine Geschöpflichkeit herabwürdigt, soll nicht bestritten werden. Ein Beispiel ist die missverständliche Rede von der „Erbsünde", die bisweilen dazu führte, dass menschliche Sexualität als schmutzig und sündig diffamiert wurde. Ein unverstellter Blick auf die biblischen Texte kann helfen, solche Verzerrungen zu korrigieren.

Eine evangelische Rede von der Sünde zielt auf Freiheit, die weder die Fehleranfälligkeit menschlicher Existenz leugnet, noch der Illusion grenzenloser Selbstbestimmung und Selbstoptimierung verfällt. „Der den Glaubenden geschenkte freudige Mut zum lebensdienlichen Engagement vermag die Angst vor dem Verlust der Freiheit hinter sich zu lassen. Gott wird nicht als Bedrohung, sondern als Grund und als Quelle unserer Freiheit erfahren" (S. 126). Das ist der Zielpunkt dieses Grundlagentextes und zugleich Kern der „Freiheit eines Christenmenschen" als „Summa eines christlichen Lebens" auch noch 500 Jahre nach der Reformation.

Im Namen des Rates der EKD danke ich der Kammer für Theologie unter dem Vorsitz von Prof. Dr. Dr. h.c. mult. Christoph Markschies, Prof. Dr. Dr. h.c. Christine Axt-Piscalar und Prof. Dr. Dr. h.c. Michael Beintker sehr herzlich für die Erarbeitung dieses Textes. Als Leser und Leserinnen wünscht sich der Rat der EKD theologisch interessierte Menschen, Kirchenvorstände, Theologinnen und Theologen, aber auch Menschen außerhalb der Kirche, die bereit sind, einen Blick in die unaufgeräumten Ecken menschlichen Lebens zu werfen. Das Thema ist nicht nur für unseren persönlichen Umgang mit den Schattenseiten des individuellen Lebens von Bedeutung, sondern auch für das Zusammenleben in einem demokratischen und liberalen Gemeinwesen – sei es in der Kirche, im staatlichen Bereich oder auch in der medialen Öffentlichkeit. Darum wünscht der Rat der EKD diesem Text eine intensive Aufnahme und eine lebendige und kräftige Resonanz und hofft, dass er einen Beitrag leistet zu einer realistischen und zugleich zuversichtlichen Sicht auf das, was Menschsein ausmacht.

Hannover, im Oktober 2020

Landesbischof Dr. Heinrich Bedford-Strohm
Vorsitzender des Rates der EKD

Inhalt

Worum es in diesem Buch geht	13
Einleitung	19
1. Annäherungen an das Thema	23
1.1 Sünde – ein strittiges Wort	23
1.2 Was steht hinter einem Sündenbekenntnis?	26
1.3 Folgen des Wahrnehmungsverlusts	27
1.4 Plädoyer für ein menschliches Reden von Sünde und Schuld: Die Praxis Jesu und der Primat der Vergebung	31
1.5 Zum Aufbau des Textes	33
2. Phänomene des Sündigens	35
2.1 Phänomene des Hochmuts: Überheblichkeit und Größenwahn	35
2.2 Phänomene der Gier: Habenwollen und bedenkenlose Gewinnmaximierung	38
2.3 Phänomene der Trägheit: Passivität und Unterlassung	40
2.4 Phänomene der Unwahrhaftigkeit: Lüge und Selbstbetrug	41
2.5 Folgen für das Verhältnis der Menschen zu sich selbst, zu den Mitmenschen und zu Gott	42
2.6 Bestimmtwerden durch fremde Schuld	44
3. Der sich verfehlende Mensch	47
3.1 Selbsterkenntnis vor Gott	47
3.2 In der Spannung von Glanz und Elend	49
3.3 In der Spannung von Grund und Folgen	51
3.4 In der Spannung von Freiheit und Unfreiheit	57
3.5 Zwischen Endlichkeit und Unendlichkeit	61
3.6 Sünde als Angst in der Freiheit	62
3.7 Fazit: Sündenverständnis und anthropologischer Realismus	65
4. Biblische Konstellationen	67
4.1 Die „Sündenfälle" der biblischen Urgeschichte	67
4.1.1 Adam und Eva: Der Verlust des Paradieses	68

		4.1.2	Kain und Abel: Der Verlust der brüderlichen Gemeinschaft.	72
		4.1.3	Das Turmbauprojekt: Der Verlust der gemeinsamen Sprache	73
	4.2		Strukturelle Sünde: Die prophetische Sozial- und Kultkritik	74
	4.3		Buße und Vergebung nach Psalm 130	76
	4.4		Römer 7 und das Scheitern am Guten	81
	4.5		Die Sünde des geistlichen Hochmuts: Pharisäer und Zöllner (Lk 18,9–24)	86
	4.6		Vergib uns unsere Schuld, wie wir unseren Schuldnern vergeben (Mt 6,12)	90
	4.7		Zusammenfassende Beobachtungen	93
5.	**Orte der Erfahrung von Schuld und Vergebung**			**97**
	5.1		Gewissen	99
	5.2		Freundschaft, Partnerschaft und Familie	101
	5.3		Gemeinde und Kirche	102
	5.4		Ausbildung und Beruf	103
	5.5		Sexualisierte Gewalt	105
	5.6		Justiz und Rechtspflege	108
	5.7		Erinnerungskultur und Aufarbeitung von Vergangenheit	110
	5.8		Die Verantwortung der Medien	112
6.	**Aus der Vergebung leben und Versöhnung erfahren**			**115**
	6.1		Der Grund der Vergebung: Gottes Versöhnungstat in Jesus Christus und die Hoffnung auf Gottes Reich	115
	6.2		Die christliche Hoffnung und die Vergebung in der Freiheit eines Christenmenschen	117
	6.3		Die Praxis der Vergebung	118
	6.4		Grenzen der Fähigkeit zur Vergebung	124
	6.5		Der Geist der Vergebung	126
Literatur				129
Mitglieder der Kammer für Theologie der EKD				130

Worum es in diesem Buch geht

Sünde betrifft uns alle. Ihre Wirkungen und Folgen beschädigen und zerstören unser Leben. Deshalb können wir vor der Sünde nicht die Augen verschließen, sondern müssen von ihr reden.

1. **Hinter dem Wort „Sünde" verbirgt sich die Not der Gottesferne.** *Der Mensch ist Geschöpf Gottes, aber seine Beziehung zu Gott ist gestört. Die lebenstragende Bedeutung der Gottesbeziehung gerät aus dem Blick, an ihre Stelle tritt der Zwang zur Selbstverwirklichung und der Kampf um Selbstbehauptung. Indem die Sünde den Menschen von Gott entfremdet, entfremdet sie ihn auch von sich selbst und seinen Mitmenschen. Sie zerstört die Beziehungen, die unser Leben bestimmen und reich machen.*

2. **Sünde und Schuld sind zwei Seiten einer Medaille, aber sollten unterschieden werden.** *Die Sünde wirkt sich zerstörerisch auf das Leben aus. Wo gesündigt wird, entsteht Schuld. Die Erfahrung der Schuld kennen alle Menschen, auch die, die nicht an Gott glauben und die ein religiöses Verständnis von „Sünde" ablehnen.*

3. **Es ist leichter über die Sünden der anderen zu reden als über die eigenen Sünden.** *Wir sind nicht die Menschen, für die wir gerne gehalten werden möchten und für die wir uns selbst halten. Das einzugestehen ist schwer. Das Evangelium befreit uns dazu, denn es zeigt, dass Sünde und Schuld von Gott vergeben werden. Im Gottesdienst können Menschen ihre Sünde bekennen, weil ihnen Vergebung zugesprochen wird und sie von ihrer Schuld nicht erdrückt werden.*

*4. **In unserem Leben zeigt sich die Sünde auf unterschiedliche Weise.*** *Gott will, dass Wahrheit, Liebe und Freiheit das menschliche Leben bestimmen. Sünde zerstört Wahrheit, Liebe und Freiheit. Der „Heidelberger Katechismus" nennt dies das „Elend der Menschen". Vier Sünden spielen in der Bibel und in der kirchlichen Tradition eine besondere Rolle: Der hochmütige Mensch will mehr sein als das, was Gott ihm zugedacht hat. Er kann nichts und niemanden neben sich dulden. Der gierige Mensch kann durch nichts zufrieden gestellt werden. Er kann niemand anderem etwas gönnen und will alles für sich. Der träge Mensch will weniger sein als Gott von ihm erwartet. Er will keine Verantwortung übernehmen und wird gleichgültig und bequem. Der unwahrhaftige Mensch baut sein Leben auf Täuschung und Lüge. Misstrauen und Unwahrheit zerstören alle Beziehungen und machen Gemeinschaft unmöglich.*

*5. **Alle Menschen sind Sünder.*** *In der Sicht der Bibel sind wir alle Sünderinnen und Sünder – nicht nur in unseren Taten, sondern in unserem Herzen. Wir bezeichnen das als „Grundsünde". Früher sprach man von „Erbsünde". Damit verband sich auch die Vorstellung, die Sünde werde mit der Zeugung gleichsam „vererbt". Sexualität wurde entsprechend oft als „sündig" angesehen. Das ist aber nicht gemeint. Das Wort „Grundsünde" bedeutet: Alle Menschen befinden sich in der gleichen Lage. Die Grundsünde wirkt sich aber in jedem Leben anders aus. Alle Menschen sind Sünder, auch wenn sie nicht alle auf dieselbe Weise sündigen. Schuld wiegt unterschiedlich schwer; Sünder sind aber alle Menschen in gleicher Weise.*

*6. **Der Mensch ist nicht nur teilweise ein Sünder, sondern er ist als ganzer Mensch Sünder.*** *Er lebt im faktischen und auch im bewussten Widerspruch zu Gott. Das betrifft all sein Tun und Lassen. Das Wort Gottes bewirkt zwei Erfahrungen:*

Es deckt die Sünde auf. Es spricht uns an als „Gesetz". Das Gesetz zeigt uns, wie wir leben sollen, wie wir aber nicht leben. Das Wort Gottes spricht uns aber auch von der Sünde frei. Es begegnet uns als Evangelium. Das Evangelium sagt uns, dass Gott den Sünderinnen und Sündern vergibt.

7. **Sünde führt in die Unfreiheit.** *Freiheit gehört zur geschöpflichen Bestimmung des Menschen. Sie wird bewährt oder verfehlt. Im Sündigen schlägt die Freiheit in Unfreiheit um. Menschen treffen Entscheidungen. Äußere Umstände spielen eine wichtige Rolle. Wir orientieren uns an älteren Erfahrungen. Mit unseren Entscheidungen verbinden wir Erwartungen. Für unsere Entscheidungen sind wir verantwortlich. Wir können sie bereuen, aber wir können Geschehenes nicht ungeschehen machen. Deshalb kann Freiheit Angst machen. Gerade so verliert man sie; durch falsche Entscheidungen, durch Unentschiedenheit, aber auch nur durch die Furcht vor ihrem Gebrauch.*

8. **In der Bibel gibt es viele Geschichten zum Thema Sünde.** *Solche Geschichten sind Verlustgeschichten. Durch die Sünde geht Lebenswichtiges und dem Leben Dienliches verloren. Die ersten Kapitel der Bibel erzählen von der wachsenden Entfremdung zwischen Gott und Mensch: die Vertreibung aus dem Paradies, die Zerstörung geschwisterlicher Gemeinschaft (Kain und Abel), der Verlust gemeinsamer Sprache (Turmbau zu Babel). Die Propheten Amos und Jeremia beschreiben, wie durch ungleiche Lebensverhältnisse die gerechte Ordnung in einer Gesellschaft zerstört wird und rufen zur Umkehr. Paulus beschreibt das Scheitern des Menschen am Guten. Die Geschichte vom Pharisäer und Zöllner erzählt von der Sünde des geistlichen Hochmuts. Beter und Beterinnen rufen Gott um Hilfe an (Psalmen). Sie erschrecken über ihre Gottesferne. Darum bitten sie Gott um Vergebung (Vaterunser).*

*9. **Das Gewissen beurteilt unsere Handlungen und macht Schuld bewusst.** Das Gewissen ist aber nicht unfehlbar; es wird auch geprägt von dem, was in einer Gesellschaft als richtig und falsch angesehen wird und bedarf daher der Orientierung am Gebot Gottes, wie es im Dekalog formuliert ist, und vor allem am Evangelium.*

*10. **Es gibt keinen Lebensbereich, der nicht von Erfahrungen mit Schuld und Sünde berührt wird.** Wenn Schuld geleugnet und Vergebung verweigert wird, hat das Folgen für alle. Je näher uns Menschen stehen, desto leichter können wir durch sie verletzt werden. Freundschaft, Partnerschaft und Familie sind Orte, an denen jeder erfährt, wie schnell man schuldig wird. Die Bereitschaft zum Verzeihen und Vergeben ist für jede Form von Partnerschaft und Gemeinschaft unverzichtbar. Sie braucht aber auch die Anerkennung des Unrechts durch den Täter.*

*11. **Die Kirche soll ein Raum für einen hilfreichen Umgang mit Schuld und Vergebung sein.** Im Gottesdienst hat die Klage über erlittene Schuld ebenso Raum wie der Zuspruch der Vergebung. Im geschützten Raum der Seelsorge und in der Beichte wird Schuld anerkannt und vor Gott als Sünde bekannt. Dazu gehört die Frage der Wiedergutmachung und die Möglichkeit der Versöhnung. Aber auch in der Kirche wurde Menschen Gewalt angetan. Vertrauensbeziehungen wurden missbraucht und zerstört durch sexualisierte Gewalt. Die Kirche muss dafür Verantwortung übernehmen. Dazu gehören die Ermöglichung strafrechtlicher Verfolgung, die Hinwendung zu den Opfern und die Frage, welche Strukturen in der Kirche diese Gewalt ermöglicht und befördert haben.*

12. Im Beruf kann sich Glaube bewähren und christliche Nächstenliebe eingeübt werden. *Der Wettbewerb um Arbeitsplätze und Karriere verleitet aber auch dazu, andere durch unfaire Mittel auszuschalten. Auch in diesem Bereich sind Menschen deshalb auf Vergebung und Versöhnung angewiesen.*

13. In der Öffentlichkeit begegnet das Thema Schuld und Vergebung an verschiedenen Stellen. *Vor Gericht werden Vergehen und Verbrechen angeklagt, um Schuld festzustellen und einen angemessenen Ausgleich oder Strafe festzusetzen. Die Erfahrung historischer Schuld spielt in jeder Gesellschaft eine wichtige Rolle, in Deutschland aber eine besondere. Eine angemessene Erinnerungskultur kann Versöhnung ermöglichen, ohne dass geschehenes Unrecht vergessen wird. Zur journalistischen Verantwortung in den Medien gehört eine behutsame und sorgfältige Berichterstattung, die Skandalisierungen und Vorverurteilungen verhindert.*

14. Christinnen und Christen leben aus dem Glauben an die befreiende Kraft des Evangeliums von Jesus Christus. *Sie glauben, dass Gott in Tod und Auferstehung Jesu Christi die Menschen mit sich versöhnt hat und dass Sünde vergeben werden kann. Sie hoffen auf das Reich Gottes, in dem die Sünde endgültig überwunden wird. Die Erfahrung der Befreiung ermöglicht das Eingeständnis der Sünde; Schuld muss nicht mehr verleugnet oder verdrängt werden. Vergebung macht Sünde nicht ungeschehen, aber sie macht das Gewissen frei und Neuanfänge möglich.*

15. Diese Hoffnung motiviert dazu, Vergebung an andere Menschen weiterzugeben und durch Vergebung neue Anfänge zu ermöglichen. *Die Praxis der Vergebung erfolgt aus christlicher Freiheit und nicht aus Zwang. Sie kann weder ein-*

gefordert noch stellvertretend für andere gewährt werden. Vergebung ist an keine Bedingungen geknüpft, nicht einmal an die Bedingung, dass sie angenommen wird. Sie zielt auf Versöhnung. Aber auch Versöhnung kann nicht eingefordert werden. Wo Versöhnung gelingt, werden Menschen frei. Die Grenzen menschlicher Vergebungs- und Versöhnungsfähigkeit verweisen auf das Gericht Gottes. Was zwischenmenschlich nicht vergeben werden kann, wird dort noch einmal zur Sprache kommen.

Einleitung

„Was ist der Mensch?" Es macht uns Menschen aus, dass wir diese Frage stellen und Antworten auf sie suchen. „Was ist der Mensch?", so hat schon die Bibel gefragt (vgl. Ps 8,5; Ps 144,3–4; Hi 7,17). In dieser Frage treffen sich Dichtung und Kunst, Religion und Philosophie, Biologie und Medizin, Psychologie und Pädagogik, Soziologie und Kulturwissenschaft. Die Motive dieser Zugänge und Wissenschaftszweige sind sehr verschieden. Aber immer geht es um Erkundungen des Menschlichen, die letztlich uns und unserer Lebensdeutung und -gestaltung zugutekommen.

Werden die Ergebnisse dieser Erkundungen zu einer Gesamtschau verknüpft und systematisiert, dann betreten wir das Feld der Anthropologie (wörtlich: Lehre vom Menschen). Ihr Deutungshorizont geht weit über die Fachanthropologien der Biologie, Medizin und Ethnologie hinaus. Sie zielt auf ein systematisches Nachdenken über Merkmale, Würde, Bestimmung und auch Grenzen des Menschseins.

Anthropologie ist freilich nicht nur der Wissenschaft vorbehalten. Vielmehr spielt das Nachdenken über das Menschsein auch im Alltag eine wichtige Rolle. Und anthropologisches Nachdenken hat es längst gegeben, ehe sich die modernen Wissenschaften etablierten. So spricht man von einer Anthropologie des Alten und des Neuen Testaments, einer Anthropologie des Paulus, des Thomas von Aquino oder Martin Luthers und verbindet damit Auffassungen, Begrifflichkeiten, Deutungen, die jeweils für die Beschreibungen des Menschseins ausschlaggebend gewesen sind.

Die Deutung des Menschseins hängt unvermeidlich von dem Standort ab, von dem aus man schaut. So gesehen gibt es kein neutrales „Menschenbild", auf das man sich im Diskurs der unterschiedlichen Erkenntnisperspektiven einigen könnte. Gewiss lassen sich grundlegende Gemeinsamkeiten entdecken. Menschliche Daseinsäußerungen wie das Lachen, Weinen, Sich-Schämen, Sich-Ängstigen, Lieben, Erkennen, Singen oder Hoffen können so offen beschrieben werden, dass die perspektivische Gebundenheit der Beschreibungen zurücktritt oder sogar unsichtbar wird. Dennoch lässt sich nicht gut bestreiten, dass es einen großen Unterschied ausmacht, ob Menschsein unter Verzicht auf seine religiöse Dimension oder unter ausdrücklicher Beachtung derselben thematisiert wird, ob der Mensch als Geschöpf Gottes betrachtet wird oder ob Gott als irrelevant neutralisiert wird.

Berühmt wurde in diesem Zusammenhang eine These, mit der Johannes Calvin sein theologisches Hauptwerk, den „Unterricht in der christlichen Religion", eröffnete: „All unsere Weisheit, sofern sie wirklich den Namen Weisheit verdient und wahr und zuverlässig ist, umfasst im Grunde eigentlich zweierlei: Die Erkenntnis Gottes und unsere Selbsterkenntnis. Diese beiden aber hängen vielfältig zusammen [...]" (Institutio I,1.1). Gotteserkenntnis und Selbsterkenntnis waren für die Reformatoren keine isolierten Erkenntnisperspektiven, die sich erst nachträglich zusammenfügen lassen. Sie sind schon im Erkenntnisvollzug unlöslich ineinander verwoben. In der Frage nach Gott verbirgt sich die Frage nach dem Menschen. In der Frage nach dem Menschen ist die Gottesfrage zu entdecken. Wo die Beziehung zwischen Gott, unserem Schöpfer und Versöhner, und uns Menschen wichtig wird, gewinnt diese Beziehung eine Schlüsselbedeutung für die Frage nach dem

Menschsein. Folgerichtig hat Calvin die Heilige Schrift, die die Beziehungsgeschichte(n) zwischen Gott und den Menschen erzählt, als „wahren Spiegel" menschlicher Selbsterkenntnis (Institutio II,2.11) gelesen.

Menschsein im Horizont der Frage nach Gott lässt sich auf drei Ebenen darstellen: erstens auf der Ebene der menschlichen Geschöpflichkeit und damit der menschlichen Fähigkeiten, Gaben und Grenzen. Hier ist zu reden von unserer Bestimmung zur Freiheit, von der Auszeichnung mit Sprachlichkeit, Vernunft und Phantasie, von Geschlechtlichkeit und Liebe, von Individualität und Gemeinschaft, von Neugier und Gestaltungskraft, aber auch von Endlichkeit und Verletzlichkeit.

Auf der zweiten Ebene erscheinen die gleichen Phänomene im Zustand ihrer Entfremdung. Die den Menschen verliehenen Fähigkeiten und Gaben werden zweckentfremdet oder wenden sich gegen sie. Freiheit wird verfehlt. Sprachlichkeit, Vernunft und Phantasie, die zu erstaunlichen Kulturleistungen befähigen, geraten in den Dienst von Egoismus und Machtmissbrauch. Am Ende hinterlassen sie Zerstörung und Verwüstung. Die Balance von Individualität und Gemeinschaft kippt nach der einen oder anderen Seite. Das führt zu Vereinsamung, Entwurzelung und Unterdrückung.

Auf einer dritten Ebene werden die gleichen Phänomene in der Perspektive ihrer Hoffnung wahrgenommen. Hoffnung bedeutet, dass die Entfremdung überwunden werden kann und ihren Eskalationsspiralen Grenzen gesetzt sind. Der christliche Glaube artikuliert diese Hoffnung in der Bitte um das Kommen des Reiches Gottes. In ihm wird Gott „abwischen alle Tränen" (Offb 21,4), die wegen Schuld und Schmerz geweint worden sind. Wo Menschen aufeinander zugehen, mit ihrem Denken und Handeln Versöhnung und Frieden wirken und sich mit Gott versöhnen lassen, leuchtet das Neue mitten in ihrem Leben auf.

Um vom Menschsein angemessen zu reden, muss man auf jeden Fall seine geschöpfliche Würde und seine Hoffnung verdeutlichen. Insofern sind auch beim Nachdenken über Sünde und Schuld die Einsichten der ersten und der dritten Ebene präsent zu halten. Aber man kann eben auch nicht angemessen verdeutlichen, was Menschsein vor Gott bedeutet, wenn man von Entfremdung, Verfehlung und Schuld absieht. Erst wenn es gelingt, diese drei Ebenen aufeinander zu beziehen, entspricht man anthropologischen Realismus, der für die Textwelten der Bibel charakteristisch ist.

Hier ergeben sich Querverbindungen zum Grundlagentext des Rates der EKD „Für uns gestorben. Die Bedeutung von Leiden und Sterben Jesu Christi" (2015). Der Kreuzestod Jesu wird in seiner ganzen Dramatik erst dann verstanden, wenn man erkennt, dass hier Gott der Sünde in den Weg tritt. Am Kreuz Christi wird die Sünde gerichtet, aufgehoben und negiert und ein neues Kapitel in der Geschichte zwischen Gott und den Menschen aufgeschlagen, an dessen Ende Sünde nur noch als überwundene bekannt ist. Aber gerade damit stellt sich die Frage nach Wesen und Wirklichkeit der Sünde. Die Welt, in der wir leben, steht nicht nur im Licht der Aufhebung der Sünde, sondern auch (noch) im Schatten ihrer Realität. Der vorliegende Text versucht das zu bedenken und zu entfalten.

1. Annäherungen an das Thema

1.1 Sünde – ein strittiges Wort

Gegenüber dem Thema „Sünde" ist heute eine eigentümliche Sprachlosigkeit zu beobachten, auch in Kirche und Theologie. Nach Möglichkeit wird das Wort vermieden. In der Alltagssprache bleibt es zumeist der ironischen Banalisierung wie der Flensburger „Verkehrssünderkartei" oder dem übermäßigen Kalorienverzehr vorbehalten. Dass jeder Mensch von Sünde betroffen ist und dass es sich bei ihr um eine grundlegende Verkehrung und Verfehlung des menschlichen Daseins handelt, kommt nur selten in den Blick. Damit bleibt unbedacht, dass sich hinter dem Wort „Sünde" die Not der Gottesferne verbirgt, die Not der Schuld und ihrer Folgen, die das menschliche Zusammenleben belasten und zerstören und das Auf und Ab der Menschheitsgeschichte prägen.

Vermutlich besteht zwischen den Schwierigkeiten heutiger Rede von Gott und der Sprachlosigkeit im Blick auf die Sünde ein enger Zusammenhang. Denn die umfassende Erkenntnis der Sünde setzt Erkenntnis Gottes voraus und ist an sie gebunden. Erst wenn Gott erkannt wird, kann auch die Distanz wahrgenommen werden, in der man sich zu ihm befindet. Wenn klar geworden ist, dass wir von ihm gesucht und geliebt werden, kann auch die Tragik der Abwendung von ihm verstanden und als Sünde begriffen werden.

Ein Ort, an dem die Sünde und ihre Folgen zur Sprache kommen, ist der christliche Gottesdienst. Nach der Eröffnung oder nach der Predigt wird häufig ein Schuldbekenntnis gesprochen. Eine klassische Form lässt die Pfarrerin oder den Pfarrer anstimmen: „Lasst uns miteinander bekennen, dass wir gesündigt haben mit Gedanken, Worten und Werken". Dann spricht sie oder er: „Aus eigener Kraft können wir uns von unserem sündigen Wesen nicht erlösen. Darum nehmen wir Zuflucht zur unermesslichen Barmherzigkeit Gottes, begehren Gnade um Christi willen und sprechen: Gott sei mir Sünder gnädig." (Evangelisches Gottesdienstbuch, 72–73).

Das ist eine Bitte um Vergebung. Sie soll erhört, Gottes Vergebung soll zugesprochen und erfahren werden. Damit sie zugesprochen und erfahren werden kann, wird die Situation benannt, auf die sich die Bitte um Vergebung bezieht. Das ist konkret immer Schuld und allgemein gesagt Sünde. Gottes Vergebung schafft Menschen, die sich ihrer Sünde bewusstgeworden sind und deshalb mit der Bitte um Vergebung zu Gott kommen.

Das gottesdienstliche Sündenbekenntnis führt uns vor Augen, dass wir nicht die Menschen sind, für die wir gerne gehalten werden möchten. Deshalb sind Menschen schon immer der Erkenntnis ihrer Sünde aus dem Weg gegangen. Wenn die Sünde zum Thema wird, beschäftigen sie sich allenfalls mit der Sünde der anderen.

Jesus Christus ist der Mittler, dessen Wirken und dessen Leiden am Kreuz der Sünde die Macht über den Menschen nimmt und alles, was unsere Beziehung zu Gott, zu den Menschen und zu uns selbst in Frage stellt, zurechtbringt. Die Rede von Sünde bedarf des Lichts der Vergebung. Die Gnade Gottes ist immer noch stärker als die Realität der Sünde. In Jesu Wort, das über dem Kelch des Abendmahls gesprochen wird, wird das deutlich:

> Nehmet hin und trinket alle daraus
> dieser Kelch ist der neue Bund / das neue Testament in meinem Blut
> das für euch vergossen wird zur Vergebung der Sünden.
> Solches tut, sooft ihr's trinket, zu meinem Gedächtnis.

Im tiefsten Sinne ist Sünde als Verfehlung desjenigen Gegenübers zu verstehen, das uns liebend ins Dasein ruft und darauf wartet, als Quelle, Zentrum und Lebensgrund allen Daseins erfasst und geliebt zu werden. Aber das Gegenteil tritt ein: Statt Gottes Liebe zu erwidern und ihm Vertrauen zu schenken, verliert sich der Mensch an sich selbst. Er kann sich nicht zu unbefangener, lebendiger Kommunikation mit Gott und den Mitmenschen öffnen, verkriecht sich in sich selbst und muss Masken tragen, die sein wahres Gesicht verstecken und ihn als einen anderen zeigen, als er es selbst ist.

Und noch etwas: Reden von der Sünde ist in der Gottesbeziehung zu verankern. Sonst wird es unweigerlich in ein bloß auf Moral pochendes Anprangern umkippen. Dann fixiert sich die Aufmerksamkeit ganz auf die sogenannten *Tat*sünden, also auf die aus der Sünde hervorgehenden sittlichen Verfehlungen. In – oft hochmütiger – Betroffenheit wird dann über die „Verderbtheit" der Welt geklagt. Vermutlich haben gerade Kirche und Theologie zum Bedeutungsverlust des Ausdrucks Sünde beigetragen – vor allem dort, wo sie von einem überzogenen Heiligungseifer und den damit verbundenen Moralauffassungen erfasst wurden. Wer über seinen moralischen Appellen – und mögen sie auch noch so plausibel erscheinen – das Erbarmen

Gottes aus den Augen verliert, fördert Selbstgerechtigkeit und verstellt den Blick auf die Gnade. Dadurch wird der von der Sünde gewirkte Schaden noch größer.

1.2 Was steht hinter einem Sündenbekenntnis?

Der Jünger Petrus, der eben noch mit Jesus in Gefangenschaft und in den Tod hatte gehen wollen (vgl. Lk 22,33), hat wenig später seine Beziehung zu Jesus dreimal verleugnet. Als ihn beim Hahnenschrei der Blick des gefesselten Jesus trifft, wird ihm bewusst, was er getan hat. „Und Petrus ging hinaus und weinte bitterlich" (Lk 22,62). Hinter seinen Tränen steht das Erschrecken über das eigene Versagen.

Nicht alle Menschen werden in einer solchen Situation so reagieren. Meist werden Gründe gesucht, die das eigene Verhalten nachträglich irgendwie ins Recht setzen. Petrus hätte darauf verweisen können, dass er seinen Mut überschätzt und die Zwangslage unterschätzt habe und nun der Verhaftung entgehen wolle. Es spricht für ihn, dass er das nicht getan hat, sondern sich von Scham und Reue überwinden ließ. Damit öffnet sich der Weg zur Vergebung. Schon bei seiner Berufung nach dem reichen Fischfang am See Genezareth (Lk 5,1–11) fiel Petrus vor Jesus in die Knie und sagt: „Geh weg von mir! Ich bin ein sündiger Mensch" (Lk 5,8). Jesus aber schickt ihn nicht weg, sondern nimmt ihn als seinen Jünger an, vor- wie nachösterlich.

Das gottesdienstliche Sündenbekenntnis sprechen wir in der Gemeinde. Gemeinsam treten wir vor Gott, der uns zur Gemeinschaft mit sich berufen hat. Dem können wir freilich nur entsprechen, wenn zwischen uns und Gott nichts Trennendes steht. Das Trennende muss aus dem Weg geräumt werden, und dieses Wegräumen beginnt damit, dass das Trennende mit der Bitte um Vergebung ausgesprochen wird. Dass wir das in der Gemeinschaft der Gottesdienstbesucher tun, kann uns entlasten. Wir sind mit unserer Schuld nicht allein, den anderen geht es genauso wie uns. Mit ihnen sind wir auf das vergebende Wort angewiesen, das uns in die Gemeinschaft mit Gott zurückholt und uns unbefangen in das Lob Gottes einstimmen lässt.

Freilich gibt es auch Menschen, die von der Erinnerung an eine bestimmte Schuld gequält werden und nicht wissen, wie sie von ihrer Gewissenslast frei werden. Sie haben etwas getan oder unterlassen, was sie dann bitter bereuen. Hier kann das individuelle seelsorgliche Gespräch weiterhelfen, in dem die Schuld konkret bekannt, die Frage einer Wiedergutmachung bedacht, Vergebung erbeten und vom Seelsorger oder der Seelsorgerin in Form der festen Zusage zugesprochen wird: „In der Vollmacht, die der Herr seiner Kirche gegeben hat, spreche ich dich los: Dir sind deine Sünden vergeben" (Evangelisches Gesangbuch, Ausgabe für die Evangelische Kirche von Westfalen, 841). Das ist im Kern die evangelische Form der Beichte. Die der Gnade vertrauende Person bringt ihre konkrete Schuld vor Gott und bittet um Vergebung. Das vergebende Wort befreit von der Last der Schuld und schenkt einen neuen Anfang.

1.3 Folgen des Wahrnehmungsverlusts

Die Realität der Sünde mag übersehen und verleugnet werden – ihre Präsenz bleibt davon unberührt. Es nützt auch nichts, ihre Realität zu bestreiten oder sie als eine Erfindung der religiösen Phantasie hinzustellen. Denn der von ihr angerichtete Schaden ist so groß, dass alle Menschen von ihm betroffen sind – gleich welcher Religion oder Weltanschauung sie sich verpflichtet fühlen. Unter dem Schaden der Sünde leiden alle.

Ihr unauffälliges Wirken konkretisiert sich unaufhörlich in einer Vielzahl von Haltungen und Handlungen, die dem Leben abträglich sind, es bedrohen und es schließlich zerstören. Jede und jeder kann das hören, sehen und fühlen. Wo Menschen in ihrer Würde verletzt und ihrem Elend überlassen, Natur und Kreatur mit Füßen getreten werden, ist Sünde im Spiel. Man wird aus christlicher Sicht die Dramatik und Tragik der Menschheitsgeschichte kaum angemessen deuten können, ohne die Realität der Sünde in Erwägung zu ziehen. Schon um der Menschen willen, die in konkreten Situationen zu Opfern gemacht wurden, verbietet sich das.

Wo gesündigt wird, entsteht Schuld – Schuld an Gott, an den Mitmenschen und an sich selbst. Was das im Einzelnen heißt, verlangt sorgfältiges Nachdenken und wird uns näher beschäftigen. Aber grundsätzlich gilt: Sünde und Sündigen machen sich im Leben von Menschen als Erfahrung von Schuld bemerkbar. „Sünde" und „Schuld" akzentuieren zwei unterschiedliche, jedoch zusammengehörige Blickrichtungen auf den gleichen Sachverhalt: Sünde wird als Schuld erfahren und manifestiert sich in den verschiedensten Formen und Ausprägungen von Schuld. Mit dem Wort „Sünde" wird die eigentliche Tiefendimension der menschlichen Verfehlungen angesprochen, nämlich die Beschädigung des Gottesverhältnisses, mit der ein Sich-Selbst-Verfehlen und ein verkehrtes Verhältnis des Menschen zu seiner Welt einhergeht. Die Erfahrungen von Entfremdung, von denen das Leben des Menschen bestimmt ist, begreifen Theologie und Kirche als

„Sünde" und verstehen sie so von ihrem Kern her als Manifestationen des gestörten Gottesverhältnisses. Mit dem Wort „Schuld" kommen primär die Zurechnung und die konkreten Hinterlassenschaften des Sich-Verfehlens in den Blick (siehe dazu näher Kapitel 5, Einleitung). Deshalb wird das Sündenbekenntnis zugleich als *Schuld*bekenntnis gesprochen, in dem immer konkrete, das Verhältnis zu Gott und das Zusammenleben der Menschen belastende Verfehlungen benannt werden. *Wir* bekennen uns – das muss ausdrücklich betont werden. In der christlichen Gemeinde werden Sünden- bzw. Schuldbekenntnisse stets in der ersten Person Singular oder Plural gesprochen. Es geht in dieser Situation nicht um die Schuld der anderen, sondern um die eigene Schuld, für die wir Gott um Vergebung bitten.

Das ist außerhalb des gottesdienstlichen Raums freilich nicht die Regel. Meist wird Schuld in der dritten Person Singular oder Plural thematisiert: als Schuld anderer. Angeklagt werden dann Menschen, Menschengruppen oder noch anonymer die gesellschaftlichen Verhältnisse, die Schuld erzeugen. Man selbst begreift sich als deren Opfer, ohne die eigene Verantwortung oder Mitverantwortung überhaupt benennen zu müssen.

Der Verweis auf Schuld auslösende oder begünstigende gesellschaftliche Umstände wird dann unvermeidlich: Schuld, die traditionell konkreten Personen zugerechnet wurde, wird nun den anonymen Systemgeflechten der modernen Gesellschaft zugewiesen, aus Personschuld wird Milieuschuld. Es hat den Anschein, als sei der Mensch in ein Drama voller Schuld, das keine Schuldigen kennt, verstrickt. Persönliche Verantwortung kann dann nicht mehr benannt werden.

Freilich sind damit die Mechanismen der Entlarvung und Anklage nicht außer Kraft gesetzt. Mit Schuld, die in die Schlagzeilen kommt, lässt sich viel Geld verdienen. Was in die Schlagzeilen gerät, ist fast immer Fremdschuld von oft hervorgehobenen Personen, die die Neugier befriedigt und das Publikum im trügerischen Gefühl eigener Anständigkeit und Tugendhaftigkeit bestärkt. Das Aufweisen von Schuld wird in dem Maße maßlos, wie es sich mit der Verleugnung eigener Schuld vermischt. Man ist dann nicht mehr in der Lage, die eigene, ganz persönliche Mitverantwortung zu erkennen und macht die wirklichen Opfer unsichtbar. Am Ende stehen die Menschen vor einer riesigen Schuldenlast, aber es gibt niemanden mehr, der für sie verantwortlich zeichnet.

Wenn nur „die anderen" Schuld haben, muss man darauf gefasst sein, auch selbst in die Rolle „der anderen" zu geraten, also einem Personenkreis zugeteilt zu werden, der sich unter Anklage gestellt sieht. Das lässt sich anhand der Debattenzyklen in unserer Medienlandschaft leicht illustrieren. Mal sind es die Lehrer, die als überfordert hingestellt oder als faul diffamiert werden, mal sind es die Ärzte, die am Heilungsversprechen der Medizin versagen. Dann wieder kommen die Unternehmer in die Schlagzeilen. Oder die Eigenheimbesitzer, die die Landschaft zersiedeln. Oder die Hersteller und Nutzer von Dieselmotoren. Es fällt auch nicht schwer, die Eisenbahngesellschaften oder die Städte- und Verkehrsplaner anzuprangern. Und Politikerschelte funktioniert immer.

Es geht hier nicht darum, die jeweils gebotene Kritik zu unterbinden oder Schuld auf die Medien zu schieben. Im Gegenteil: Pauschale Medienschelte verbietet sich. Wir sind auf den Journalismus und mediale Kommunikation angewiesen, um

Missstände aufzudecken und Verantwortliche zu benennen. Aber wenn die Kritik ihr Maß verliert und aus dem Ruder läuft, wenn sie den Kritisierten den Respekt versagt und sie pauschal an den Pranger stellt, dann ist das ein Merkmal einer „Übertribunalisierung der menschlichen Lebenswirklichkeit" (Odo Marquard, Abschied vom Prinzipiellen, 1981, 49). Die einen empören sich und klagen an und die anderen sehen sich unter ständigen Rechtfertigungsdruck gestellt. Dabei werden die Positionen von „Klägern" und „Angeklagten" fast beliebig austauschbar. Bisweilen werden Sündenböcke gefunden, die man für bestimmte Missstände verantwortlich macht. Aber auch diese werden in der Regel auf Unschuld plädieren.

1.4 Plädoyer für ein menschliches Reden von Sünde und Schuld: Die Praxis Jesu und der Primat der Vergebung

Es gibt hier eine heilsame Gegenbewegung: die lebensschaffende Bewegung des Evangeliums. Das Evangelium befreit die Menschen vom Zwang zur Empörung und Schuldzuweisung, indem es sie zur Selbsterkenntnis und zur Erkenntnis der Kraft der Vergebung führt. Im Licht des Evangeliums wird die Unterscheidung von Schuld und Unschuld, Gut und Böse brüchig. In der Praxis Jesu kommt an den Tag, dass jeder Mensch auf Vergebung angewiesen ist.

Im Johannesevangelium führen die Gegner eine Frau zu Jesus, die auf frischer Tat beim Ehebruch ertappt worden ist. Darauf stand nach überliefertem Recht die Todesstrafe durch Steinigung. Dann gibt Jesus eine Antwort, die sprichwörtlich wurde: „Wer unter euch ohne Sünde ist, der werfe den ersten Stein auf sie" (Joh 8,7). Die Ankläger sind sprachlos und stehlen sich nach und nach davon. Nur die Frau steht noch da. Jesus spricht sie an: „Wo sind sie, Frau? Hat dich niemand verdammt? [...] So verdamme ich dich auch nicht; geh hin und sündige hinfort nicht mehr" (Joh 8,10–11).

Jesus durchkreuzt die großen und kleinen Formen des Richtens und Verdammens. Dort, wo er hinkommt, fällt das Spiel der Selbstgerechtigkeit in sich zusammen wie ein Kartenhaus. Es gilt dann das Maß der Vergebung, die die Sünderin und den Sünder erneuert, nicht das Maß des verdammenden Urteils, das sie auf ihre Sünde fixiert: „Richtet nicht, damit ihr nicht gerichtet werdet" (Mt 7,1).

Jesus steht an der Seite derer, die ausgegrenzt sind und denen die Umwelt empört ihre Sünden vorhält. Mit ihnen setzt er sich an einen Tisch, ihnen kann er die Vergebung ihrer Sünden zusprechen (vgl. Lk 7,48). Das erweckt den Argwohn der Rechtschaffenen. Sie nennen ihn vorwurfsvoll „Freund der Zöllner und Sünder" (Mt 11,19). Sie befürchten, dass Jesus mit seiner Parteinahme für die Menschen, die der Vergebung besonders bedürftig sind, die gewohnten ethischen Maßstäbe durcheinanderbringt. Er aber sagt: Die Freude im Himmel über einen Sünder, der Buße tut, wird größer sein als die Freude über neunundneunzig Gerechte, die der Buße nicht bedürfen (vgl. Lk 15,7).

Hier wird deutlich, dass zwischen Vergebung und Sündenerkenntnis ein enger Zusammenhang besteht. Erst im Vollzug der Vergebung wird die Sünde in ihrem ganzen Ausmaß erkannt. Die Gewissheit, dass Schuld vergeben wird, ja, dass keine Schuld so groß ist, als dass sie nicht von Gott vergeben werden könnte, versetzt Menschen in die Lage, die eigene Sünde zu erkennen und zu bekennen.

Vielfach haben Kirche und Theologie die Einsicht, dass Gnade zur Sündenerkenntnis befreit, nicht deutlich genug betont. Im Horizont der Gnade braucht jedenfalls die Sünde nicht verleugnet zu werden. Vielmehr kann angstfrei anerkannt werden, was sie ist und was sie aus uns macht. Die an Jesus orientierte Praxis der Vergebung hat kein Interesse am Aufweis der Schuld um ihrer selbst willen. Sie will nicht dazu anleiten, Sündenregister zu ziehen und alle erdenklichen Verfehlungen zu geißeln. Das unterscheidet sie von der moralischen Empörung, die sich schon vom Anprangern der Schuld Einsicht und Besserung erhofft, aber de facto die Mechanismen der Schuldabwehr fördert.

Nur in einem Klima der Vergebung kann sich eine wahrhaftige Sündenerkenntnis bilden. Erst wenn Menschen von der Last ihrer Schuld nicht erdrückt werden, können sie sich mit ihrer Schuld befassen. Es liegt in der erklärten Versöhnungsabsicht des Evangeliums begründet, dass es nicht an der Schuld als solcher interessiert ist, sondern stets von der *vergebenen* Schuld her auf Schuld zu sprechen kommt.

1.5 Zum Aufbau des Textes

Im folgenden 2. Kapitel betrachten wir grundlegende Phänomene des Sündigens. Auf diese Weise soll deutlich werden, dass Sünde eine Realität ist, die nicht neben unserer Alltagswelt angesiedelt ist, sondern uns alle – oft schmerzhaft – in Mitleidenschaft zieht. Im 3. Kapitel betrachten wir die Entfremdung des Menschen und fragen nach anthropologischen Konstellationen, die uns zu Sünderinnen und Sündern werden lassen. Dabei wird deutlich werden, dass wir ein Problem mit der Freiheit haben, die uns als Geschöpfe Gottes auszeichnet. Wir würden nicht von Sünde und Vergebung reden, wenn wir durch die biblischen Texte nicht dazu veranlasst werden würden. Anhand von sechs Studien zu ausgewählten Texten werden im 4. Kapitel grundlegende biblische Sichtweisen präsentiert und – meist stillschweigend – manche Missverständnisse der Auslegungsgeschichte korrigiert. Im 5. Kapitel werden die bisher gewonnenen Einsichten gewissermaßen geerdet: Orte und damit repräsentative Konfliktfelder der Erfahrung mit Schuld und Vergebung werden aufgesucht und Hinweise zum Umgang mit ihnen gegeben. Im abschließenden 6. Kapitel wird das Thema in der Perspektive der Vergebung und damit der Hoffnung betrachtet. Wir können nicht von Sünde und Schuld reden, ohne sie im Licht der Vergebung wahrzunehmen. Wir können aber auch nicht von Vergebung reden, ohne die Last der Schuld und das Leid der Opfer menschlicher Schuld zu beachten. Der Geist der Vergebung will den neuen Anfang. Aber der neue Anfang kann ohne die Erkenntnis der eigenen Schuld nicht gelingen.

2. Phänomene des Sündigens

Bei den Phänomenen des Sündigens handelt es sich um grundlegende menschliche „Fehlhaltungen", in denen Sünde in Erscheinung tritt – in den Anfängen oft unauffällig, dann aber, wenn sie ungehindert ausgelebt werden, umso zerstörerischer. Man kann auch von „Untugenden" sprechen, die von Menschen Besitz ergreifen und sie ihrer selbst entfremden. In der biblischen Überlieferung und dann in der Lehre der Kirche ragen vier besonders heraus: Hochmut, Gier, Trägheit und Unwahrhaftigkeit. Die konkreten Daseinsäußerungen der Sünde sind in diesen vier verwurzelt und können auf sie zurückgeführt werden.

2.1 Phänomene des Hochmuts: Überheblichkeit und Größenwahn

In der klassischen Lehre von der Sünde ist das Motiv des Hochmuts (*superbia*) von zentraler Bedeutung. Das wurde so verstanden: Der Mensch vermag die Grenzen seiner Geschöpflichkeit nicht zu ertragen. Er will *mehr* sein als das, was ihm von Gott zugedacht ist, ja, er begehrt den Ort, der seinem Schöpfer gebührt, weil er es nicht aushalten kann, weniger zu sein als jener. Von daher wird die Sünde als Widerstand des menschlichen Geschöpfs gegen seinen Schöpfer und Versöhner gedeutet und als Verleugnung Gottes verstanden (vgl. Röm 8,7). Existenz in der Sünde bedeutet Existenz „ohne Gottesfurcht, ohne Vertrauen zu Gott und mit Begierde [*sine metu Dei, sine fiducia erga Deum et cum concupiscentia*]" (Confessio Augustana II).

Der Sachverhalt wird von Luther in der Disputation gegen die scholastische Theologie (1517) so pointiert: „Der Mensch kann natürlicherweise nicht wollen, dass Gott Gott ist. Tatsächlich will er, dass er Gott und Gott nicht Gott ist [*„Non potest homo naturaliter velle deum esse deum, Immo vellet se esse deum et deum non esse deum.*" (Weimarer Ausgabe 1, 225, Z. 1 f.)]. Den in die entgegengesetzte Richtung zielenden, aber Luther faktisch bestätigenden Kommentar hat Friedrich Nietzsche gegeben: „Aber daß ich euch ganz mein Herz offenbare, ihr Freunde: *wenn* es Götter gäbe, wie hielte ich's aus, kein Gott zu sein! *Also* gibt es keine Götter. […] Gott ist eine Mutmaßung: aber wer tränke alle Qual dieser Mutmaßung, ohne zu sterben? Soll dem Schaffenden sein Glaube genommen sein und dem Adler sein Schweben in Adler-Fernen?" (Also sprach Zarathustra II, *Auf den glückseligen Inseln,* in: F. Nietzsche, Werke in drei Bänden, hg. von K. Schlechta, II, 344). Nach dieser Auffassung steht der Gottesgedanke der ersehnten Emanzipation des Menschen im Weg. Er muss gelöscht werden, damit der Mensch zu sich selbst findet.

Ihren wichtigsten Beleg für die Herausstellung des Hochmuts als Impuls des Sündigens fand die Theologie im „Ihr werdet sein wie Gott", mit dem die Schlange die Bedenken der Frau zerstreut, von der verbotenen Frucht zu essen (1. Mose 3,5). Damit weckt die Schlange das Begehren nach einer göttlichen Kompetenz – der Fähigkeit zur verlässlichen Kenntnis von Gut und Böse. Die Konkurrenz zu Gott kann sich durchaus religiös geben; Gott soll nicht abgeschafft, aber sein Anspruch soll relativiert werden. Diese Relativierung setzt freilich das uneingeschränkte Vertrauen in den Schöpfer außer Kraft: Er rückt in die Ferne und verliert seine Bedeutung für das alltägliche Leben.

In der Perspektive des Dekalogs entsteht die Sünde durch die Übertretung des 1. Gebots: Gott rückt aus dem Zentrum der Aufmerksamkeit, und das leere Zentrum wird nunmehr mit menschlichen Idealen, Wünschen und Sehnsüchten besetzt. Dass auf den Erlass der Gebote im Bundesschluss am Sinai unmittelbar die Anbetung des goldenen Stierbildes folgt (2. Mose 32,1–6), verdeutlicht, wie schnell das geschieht.

Hochmut stellt fraglos eine markante Triebkraft des Sündigens dar. Das Zusammenleben der Menschen wird durch hochmütiges Verhalten gestört und verwirrt: Profilierungssucht, Überbietungsgehabe, Demütigung anderer, selbstbezogene Erfolgsmaximierung, Selbstgerechtigkeit, Selbstgefälligkeit. Aber auch deren Kehrseiten, nämlich Selbstmitleid und scheinheilige Demut stellen gängige Verhaltensmuster dar. Kollektive Formen des Hochmuts sind z. B. elitäres Gehabe, soziales Bashing, Nationalismus und Chauvinismus. Die einen werden in den Schatten gedrängt, damit die anderen noch besser im Licht stehen können. Indessen ist der theologische Wurzelgrund des Hochmuts oft unsichtbar, weil undeutlich wurde, dass zwischen der Abwendung von Gott und den Erscheinungsformen des Hochmuts im täglichen Leben enge Zusammenhänge bestehen.

Obwohl Hochmut als markante Erscheinungsform der Sünde in Betracht zu ziehen ist, kann das Sündigen nicht einseitig auf ihn zurückgeführt werden. Das bliebe ganz ungenau. Es gibt zwar Beispiele, wo Dreistigkeit und Aufgeblasenheit unübersehbar sind und Bosheit der Aura menschlicher Selbstverwirklichung dient. Aber das ist nicht der Normalfall. Der Normalfall besteht darin, dass die Menschen das Böse eigentlich nicht wollen, und dass es dennoch geschieht (vgl. Röm 7). Der Hochmut muss als Kompensation eines viel tiefer sitzenden Problems begriffen werden. Es ist zu vermuten, dass mit ihm etwas überspielt werden soll, was den Menschen als Verlust erscheint, was sie ängstigt und bedroht, obwohl es sie weder ängstigen noch bedrohen müsste.

2.2 Phänomene der Gier: Habenwollen und bedenkenlose Gewinnmaximierung

Die klassische Sicht auf die Sünde sieht neben dem Hochmut in der entgrenzten menschlichen Begierde ein weiteres gewichtiges Sündenphänomen. Die Begierde, die durch nichts zufriedenzustellen ist, ist sowohl als anthropologischer Beweggrund als auch phänomenaler Grundzug des Sündigens zu verstehen: Solche Begierde löst Sünde aus (vgl. Röm 7,8–9) und bildet zugleich eine markante Erfahrungsform des Sündigens.

Begierde bezieht sich auf alles, wonach es Menschen gelüsten kann: „des Nächsten Haus [...], Frau, Knecht, Magd, Rind, Esel noch alles, was dein Nächster hat" (2. Mose 20,17, vgl. 5. Mose 5,21; 9. und 10. Gebot). Es gibt nichts, was nicht Gegenstand solcher Begierde – eines entgrenzten, selbstbezogenen Habenwollens und An-Sich-Reißens – werden kann. Deshalb war es eine irreführende Engführung, wenn die theologische und kirchliche Tradition über lange Zeit hinweg die menschliche Sexualität als das eigentliche Feld der Begierde („Fleischeslust") zu bestimmen suchte.

Das doppelte „Du sollst nicht begehren" am Ende des Dekalogs warnt vor der hemmungslosen Entschränkung der menschlichen Bedürfnisse. Das Gebot widerspricht einer Unkultur, die den maximalen Lebensgenuss und Komfortgewinn zu maßgeblichen Handlungskriterien erhebt, alles vereinnahmt, was sich an Vorteilen mitnehmen lässt, und dafür auch soziale und ökologische Ausbeutung in Kauf nimmt – von der Verarmung großer Teile der Weltbevölkerung über die Vernutzung der natürlichen Ressourcen zu Lasten der Länder Afrikas und Lateinamerikas bis zur Plastikvermüllung der Weltmeere und zur Klimakatastrophe.

Das Begehren, das nie zur Ruhe kommt und *immer* nach *mehr* verlangt, ist faktisch die Triebkraft, die sich in der Vertauschung von Haben und Sein als die Hauptkrankheit unserer Kultur (aber nicht nur unserer) manifestiert. Im Unterschied zum Bedürfnis kann das eigensüchtige Begehren nicht befriedigt werden, es ernährt sich von seinem eigenen Hunger und vergrößert sich ständig mit seiner Befriedigung. Begierde ist ein brisantes Politikum, weil ihre Entfesselung lebensabträglich und lebensfeindlich ist. Es ist daher weder weltfremd noch Ausdruck moralischer Überheblichkeit, die Begierde zu den Charakteristika des Sündigens zu rechnen.

Begierde und Hochmut bedingen einander. Immer ist die Angst im Spiel, man verfehle gerade dadurch das Entscheidende, dass man sich an Gott und sein Gebot bindet. Aber mit dem Misstrauen gegen Gott verliert der Mensch den Halt, den er nur bei Gott finden könnte. Statt in ihm zur Ruhe zu kommen, wird er zum Getriebenen: Indem er letzten Halt dort sucht, wo er nicht zu finden ist, bleibt er stets gierig ausgreifend und notorisch verhungernd. Im Hochmut kompensiert das nie zufriedenzustellende begehrende Ich die Enttäuschung, nicht alles erlangen zu können, indem es sich und der Mitwelt prahlend mit dem präsentiert, was es immerhin erreicht hat.

2.3 Phänomene der Trägheit: Passivität und Unterlassung

Beim Nachdenken über Phänomene des Sündigens erfahren Passivität und Unterlassung oft nicht die ihnen zustehende Beachtung. Das mag daran liegen, dass sich das Wort „Sünde" als ein „Vollzugswort" darstellt, in dem sich Akthaftigkeit ausdrückt. Man denkt unwillkürlich an ein Handeln, das unter dem Vorzeichen der Sünde steht. Aber auch das Nicht-Handeln kann Sünde sein, und das in einem Ausmaß, das meist unterschätzt wird.

Wir haben es hier mit dem Gegenbild des Hochmuts zu tun. Der Mensch will hier nicht *mehr*, sondern *weniger* sein als der, als den ihn Gott geschaffen hat. Er macht keinen Gebrauch von der ihm anvertrauten Verantwortung und den ihm geschenkten Gaben und bleibt so hinter seiner geschöpflichen Bestimmung zurück. Zeigt sich im Hochmut die zerstörerische Übersteigerung der geschöpflichen Möglichkeiten des Menschseins, so in der Trägheit eine nicht minder zerstörerische Unterbietung dessen, was den Menschen als Geschöpf Gottes auszeichnet.

Im weitesten Sinne ist Trägheit als schuldhaftes Unterlassen zu charakterisieren – Unterlassen dort, wo man aus Verantwortung hätte einschreiten, helfen (vgl. Lk 10,31–32) und nachdenken müssen. Man lässt dem Unheil seinen Lauf, nimmt es gedankenlos hin oder wendet sich bewusst von ihm ab und beruhigt sich mit dem Gedanken, dass man ohnehin nichts dagegen hätte unternehmen können.

Trägheit ist ein kollektives Massenphänomen, wie gerade die geschichtlichen Entwicklungen des vergangenen Jahrhunderts gezeigt haben. Das lässt sich – wenn auch in unterschiedlicher Weise – sowohl für die totalitär bzw. diktatorisch verfassten als auch für die der Freiheit und der Demokratie verpflichteten Staaten zeigen. Im ersten Fall wird aus Angst weggeschaut und nichts gesagt, im anderen Fall werden die bestehenden Freiräume zum Handeln aus Bequemlichkeit nicht genutzt. „Unsere Generation wird eines Tages nicht nur die ätzenden Worte und bösen Taten der schlechten Menschen zu bereuen haben, sondern auch das furchtbare Schweigen der guten" (Martin Luther King).

2.4 Phänomene der Unwahrhaftigkeit: Lüge und Selbstbetrug

Der vertieften Betrachtung der Phänomene des Sündigens stellt sich die Existenz in der Sünde als Existenz in der Unwahrheit, Täuschung und Lüge dar. Paulus hat das äußerst hart formuliert: „Gott ist wahrhaftig und alle Menschen sind Lügner" (Röm 3,4, vgl. Ps 116,11). Dennoch gilt: „Legt die Lüge ab und redet die Wahrheit" (Eph 4,25).

Wahrhaftigkeit baut jene Atmosphäre des Vertrauens auf, auf die ein gedeihliches Zusammenleben angewiesen ist. Leben mit der Lüge hingegen lässt alle Beziehungen erodieren. Wenn jede Person jeder anderen misstrauen müsste, weil sie befürchtet, hinters Licht geführt zu werden, gäbe es nur noch Personen, die sich gegenseitig beargwöhnen – niemand wüsste, woran er oder sie bei Anderen ist.

Unwahrhaftigkeit und Lüge tauchen in vielen Spielarten auf. Es beginnt ganz alltäglich mit Beschönigen und Verharmlosen, Dramatisieren und Übertreiben, Schmeicheln und Prahlen. Mit kleinen Lügen lebt es sich leichter. Sie fungieren zwar als sozialer Schmierstoff reibungsloser Kommunikation, mit dem man sich unnötigen Ärger erspart. Aber Unwahrhaftigkeit und Lüge belasten und verwirren die Kommunikationsprozesse. Das zeigt sich inzwischen auch gesamtgesellschaftlich beim Umgang mit den sozialen Medien. Menschen kommunizieren Halbwahrheiten und finden in ihren Netzwerken nur diejenigen Kommunikationspartner, die diese Halbwahrheiten bestätigen. So bilden sich systematisch Echo-Kammern einer sich durch Hass und Ressentiment steigernden Wolke von Gerüchten und Verdächtigungen. Dem entspricht es, dass Wahlen und Volksentscheide mit Lügen gewonnen werden können. Wahlversprechen werden gemacht, obwohl man schon vorher weiß, dass man sie nicht halten kann.

Für die Theologie haben die Schwierigkeiten im Umgang mit der Wahrheit ihre tiefste Ursache in den Störungen des Verhältnisses zwischen Mensch und Gott. Dem Menschen gelingt es nicht, Gott zu vertrauen, er wendet sich von ihm ab. Er verkennt die Lage, in die er dadurch gerät, und bestreitet, dass er auf Vergebung und Versöhnung angewiesen ist, um sich in Freiheit zu entfalten. Die Rede von der Sünde wird als Angriff auf die Menschlichkeit des Menschen abgewiesen, die Rede von der Gnade belächelt. So entsteht ein illusionäres Selbstbild des Menschen, der sein Angewiesensein auf Gottes Gnade verkennt. Die Vorstellung, ohne Gott existieren zu können, schleift sich als ein prägendes Verhaltensmuster ein.

2.5 Folgen für das Verhältnis der Menschen zu sich selbst, zu den Mitmenschen und zu Gott

Hochmut, Begierde, Trägheit und Lüge setzen Bedrohungs- und Zerstörungskräfte frei, denen wir oft hilflos gegenüberstehen. Der Heidelberger Katechismus hat deshalb vom „Elend des Menschen" gesprochen, um die Situation zu deuten, in die der Mensch durch die Sünde geraten ist (vgl. Heidelberger Katechismus, Fragen 3–11). Gott hat die Menschen zur Mitmenschlichkeit, Liebe, Wahrhaftigkeit und Freiheit bestimmt. Hochmut, Begierde, Trägheit und Lüge verhindern wahres Menschsein und bewirken, dass wir unserer Bestimmung im Weg stehen und sie und also uns verfehlen.

Sünde entfremdet den Menschen von sich selbst. Der sündige Mensch kann nicht er selbst sein; entweder will er von seinem Selbst loskommen, weil er sich bis zum Selbsthass unausstehlich findet, oder er setzt alles in Bewegung, um sein Selbst zu verwirklichen, ohne das je erreichen zu können, oder er hat sein Selbst verloren, ohne es zu bemerken (vgl. S. Kierkegaard, Die Krankheit zum Tode, 1849).

Sünde entfremdet die Menschen voneinander. Menschlichkeit, Solidarität, Respekt und Fürsorge haben auf dem Boden von Hochmut, Begierde, Trägheit und Lüge mit erheblichen Widerständen zu rechnen, oft genug werden sie ausgebremst. Dann werden die menschlichen Beziehungen und die sozialen Verhältnisse vom Kampf um Selbstbehauptung und maximalen Eigennutz oft genug überlastet.

Sünde entfremdet den Menschen von Gott. Die lebenstragende Bedeutung der Beziehung zu Gott wird unterschätzt, verkannt, verleugnet und vergessen. Das die Gottesbeziehung überlagernde Misstrauen setzt das uns befreiende Evangelium der Skepsis aus und behindert den Glauben als Vertrauen auf Gottes heilsame Gegenwart.

Der in der Sünde gefangene Mensch (vgl. Röm 7,24) bedarf einer dreifachen Befreiung, um zu sich selbst, zum Mitmenschen und zu Gott zu finden: der Versöhnung mit Gott, der Versöhnung mit den Mitmenschen und der Versöhnung mit sich selbst. Darin erfährt er seine wahre Freiheit.

2.6 Bestimmtwerden durch fremde Schuld

Sünde und Schuld haben eine kollektive Dimension, die man mitbedenken muss. Es gibt kein Menschsein ohne das Mitsein und Mitbestimmtwerden durch die anderen. Als *animalia socialia* sind die Menschen in die Handlungskreisläufe ihrer Gemeinschaften und Gesellschaften und schließlich in den globalen Handlungskreislauf der Weltgesellschaft eingebettet. Zwischen allen Akteuren und Aktionen bestehen wechselseitige Abhängigkeiten, auch wenn diese nur als Strukturzusammenhänge sichtbar gemacht werden, ohne dass man sie im Detail angemessen entziffern kann. Es entstehen übersubjektive Schuldkonstellationen, in die Menschen geraten, ohne es überhaupt zu wollen. Man denke nur an den Kauf eines Kleidungsstücks, bei dem sich herausstellt, dass hier Kinderarbeit am Produktionsprozess beteiligt war, oder an den Verzehr von Kaffeeprodukten, die in Südamerika oder Afrika oft unter menschenunwürdigen Bedingungen hergestellt werden, an denen aber hauptsächlich die europäischen Firmen verdienen. Sünde ist in solchen Zusammenhängen nicht einfach die Summe der schuldhaften Akte der einzelnen Individuen. Tatsächlich kann sie gegenüber den sie verursachenden Personen eine Eigendynamik gewinnen und ein Eigenleben entwickeln, das auf die Individuen wie eine objektive Macht zurückwirkt, neue Schuld erzeugt und einen mitunter zerstörerischen Regelkreislauf von kleinen Ursachen und verhängnisvollen Wirkungen aufbaut. Man kann hier von einem Prozess der Selbstorganisation der Schuld in menschlichen Gemeinschaften sprechen, von einem unwiderstehlichen Sog, bei dem keiner richtig weiß, wie er zu stoppen ist. Ein beredtes Beispiel bieten die kollektiven Verstrickungen von Menschen in die Herrschaftsmechanismen von Diktaturen, das Aufschaukeln von Hass oder die Hilflosigkeit gegenüber den ökologischen Auswirkungen des „Anthropozäns".

Bereits Immanuel Kant sprach in diesem Zusammenhang von einem innergeschichtlichen „Reich des Bösen", „welchem alle von Adam (natürlicherweise) abstammenden Menschen unterwürfig wurden, und zwar mit ihrer eigenen Einwilligung, weil das Blendwerk der Güter dieser Welt ihre Blicke von dem Abgrunde des Verderbens abzog".[2] Friedrich Schleiermacher hat dann das Interaktions- und Bedingungsgefüge menschlicher Handlungen sündentheologisch durchdacht und damit ein neues Paradigma für die Interpretation der sogenannten „Erbsünde" entworfen. Er wollte die Erbsünde ebenso als eigene Schuld eines jeden Menschen und zugleich als „die Gesammttat und Gesammtschuld des menschlichen Geschlechtes" (Der christliche Glaube, 1830/31, §71) verstehbar machen. Schuld sei „in Jedem das Werk Aller und in Allen das Werk eines Jeden" (§71,2), sie sei nur in dieser Gemeinschaftlichkeit recht und ganz zu verstehen.

Diese Auffassung hat wegen ihrer Erklärungskraft viel Anklang gefunden. Schleiermacher war der erste, der gewissermaßen „systemtheoretisch" an die Sünde im Zusammenleben der

---

[2] I. Kant, Religion innerhalb der Grenzen der bloßen Vernunft, hg. von R. Malter, Stuttgart 1987, 101.

Menschen (wie auch dann an die Wirkungen der Gnade) herangetreten ist, ohne dass ihm das entsprechende Vokabular zur Verfügung gestanden hätte.

Die Gegenbewegung zu dieser Entwicklung suchte Schleiermacher in der Zunahme und Ausbreitung des christlichen Gottesbewusstseins. Es lässt sich also keineswegs nur eine soziale Vernetzung der Schuld behaupten, sondern auch eine soziale Vernetzung des Handelns aus Liebe, das den unheilvollen Zugzwang der sündhaften Verstrickung aller mit allen durchbricht. Das Evangelium sieht hier die Herrschaft des auferstandenen Gekreuzigten, die den charakterisierten Regelkreislauf dadurch stört, dass sie hier und heute seine zwangsläufige Automatik zu unterbrechen vermag und schließlich definitiv aufheben wird, indem sie ihn im Advent des neuen Himmels und der neuen Erde dem Vergessen überantwortet.

3. Der sich verfehlende Mensch

3.1 Selbsterkenntnis vor Gott

Dass der Mensch sich als Sünder versteht, ist alles andere als selbstverständlich. Es fällt immer leichter, die Schuld Anderer zu identifizieren und ihnen zu bescheinigen, dass sie sich öffentlich unmöglich gemacht haben. Aber auch dabei nennt man die Betroffenen nur selten Sünder bzw. Sünderin. Man spricht von „Betrügern", oder „Chaoten", von „Herren mit der weißen Weste" (und deren weiblichen Entsprechungen), verlagert das Wort „Sünde" aber eher in die Sphäre der Taten. In dieser begegnet man „Bausünden", „Umweltsünden", „Jugendsünden" und anderen vielfältigen Formen der Überschreitung dessen, was als regelkonform oder normal gilt. So scheint sich der Begriff der Sünde gerade dort rarzumachen, wo es um die Beschreibung der Menschen, um ihr Selbstbild, also um ein Verständnis der *conditio humana* geht. In Selbstbeschreibungen, in Sätzen der ersten Person, Singular oder Plural, kommen „die Sünder und Sünderinnen" kaum vor, von der ironischen Brechung, wir alle seien kleine Sünder, einmal abgesehen.

Doch gerade auf diesen subjektiven Ton, auf Verankerung in der eigenen Lebensgeschichte, kommt es im gottesdienstlichen Bekenntnis an. Es wird vom Sein des Menschen gesprochen, von der Person, nicht nur von Verfehlungen und Taten, die begangen wurden, sondern von Selbsterfahrung und Selbsterkenntnis. Je deutlicher der subjektive Ort der Rede von der Sünde erkennbar ist, desto geringer ist die Gefahr ihrer Verwechslung mit Vorwürfen gegenüber Anderen. Die Rede von der Sünde ist Sache einer Selbsterkenntnis, wie sie allein im Verhältnis zu Gott möglich wird.

Insofern ist es nicht unsachgemäß, sondern durchaus eine Chance, dass die Rede von der Sünde im öffentlichen Diskurs so selten ist. Wo es um das eigene Leben geht, um einen Bereich, in dem wir ungeschützt mit uns selbst konfrontiert sind, schließen sich Authentizität und Mitteilungsbedürfnis gegenseitig aus. Da es in den Medien auf Inszenierung und Zur-Schau-Stellung ankommt, kann es leicht zur Peinlichkeit geraten, wenn ein individuelles Sündenbekenntnis und subjektive Reue auf dem Markt öffentlicher Aufmerksamkeit gezeigt werden. Das Forum der Unbeteiligten verdirbt die Chance authentischer Sünden- und Selbsterkenntnis. Leichtfertige Ankläger, innerhalb und außerhalb der Kirche, wollen das nicht wahrhaben. Darum sei es noch einmal bekräftigt: Das Bekenntnis der Sünde ist Selbsterkenntnis vor Gott, es kommt durch den Vorwurf und Vorhalt Anderer noch nicht zustande. Weil es im Bekenntnis der Sünde immer um uns selbst geht, muss ein „Herr, bin ich's?" (Mk 14,19) das Nachdenken über sie begleiten können.

Zu erörtern ist also, wie es dazu kommt, dass ein Mensch es sich gesagt sein lassen kann, dass er Sünder oder Sünderin ist, und folglich auch, warum solche Selbsterkenntnis (wenn sie recht verstanden wird) das Leben weder blockieren noch zerstören, sondern zum Ausdruck eines vor Gott freien und erlösten Selbstverhältnisses werden kann.

3.2 In der Spannung von Glanz und Elend

Wer von der Sünde spricht, redet vom Elend des Menschen. Aber von einem Elend, das sich gerade dort zeigt, wo auch vom Glanz, vom menschlichen Können, von der Freiheit und von Handlungserfolgen zu sprechen ist. Dass man der evangelischen Theologie seit ihren Anfängen bei Luther zu Recht nachsagt, die Rede von der Sünde zu radikalisieren, hängt auch damit zusammen, dass sie nicht nur die bösen, sondern auch die guten Taten, nicht nur die Verfehlungen, sondern auch die geglückten Gestalten humaner Lebensführung in den Blick nimmt. Sie lenkt den Blick nämlich von der Tat auf Täter und Täterin, auf den Grund ihres Handelns, und damit auf ihr Menschsein, das sich in ihren Taten ausdrückt. Vom Menschen selbst, von seinen Ambivalenzen und Abgründen, von der Ausrichtung seines Herzens spricht sie auch dort, wo sie sich an den menschlichen Gaben, dem Geschick des Menschen und seinen Leistungen freut. Evangelische Theologie spricht nicht von der Würde des Menschen, wenn sie seine guten Werke im Blick hat, und von der Sünde, wenn sie sein Fehlverhalten analysiert, sondern begreift den Menschen unter beiden Bestimmungen als ganzen.

Auch wenn man das beachtet, kann die Kategorie der Sünde dennoch ausschließlich als Vorwurf wahrgenommen werden (*kategorein* meint im ursprünglichen griechischen Sinne eine Anklage gegen jemanden, hier also gegen die als Sünderinnen und Sünder identifizierten Menschen). Ins Selbstverhältnis übernommen, kann die Rede von der Sünde härter wirken und tiefere Spuren bei dem und der Einzelnen hinterlassen als Vorwürfe, die Andere machen. Deshalb kommt es bei der Rede von der Sünde auf den Zusammenhang von Gesetz und Evangelium, von Gericht und Gnade – und anthropologisch auf Glanz und

Elend des Menschen an. Die Selbsterkenntnis des Menschen kommt unter der Gewissheit zustande, von Gott bejaht zu sein. Sünder zu sein, wird zu einer befreienden Einsicht und Neuorientierung erst dort, wo sich ein Mensch auf die Vergebung Gottes ganz und gar zu verlassen lernt. Beides gehört so wesentlich zusammen, dass auch die Erinnerung an Gottes Gebot misslingt, wenn in der Aufdeckung der eigenen Schuld nichts über das Verklagtwerden hinausführt. Gottes Wort ist immer beides: aufdeckendes und freisprechendes, aus der Sünde herausrufendes und Sünder tröstendes Wort. So wenig man Gesetz und Evangelium gegeneinander ausspielen oder voneinander trennen kann, so wenig kann man die Lage, in die sich der Mensch vor Gott gebracht hat, dualistisch bestimmen. Charakterisiert die Sünde das Sein des Menschen, so ist und bleibt der Mensch auch in dieser Situation Gottes Geschöpf. Er mag seinem Wesen widersprechen, aber er kann Gottes Treue zum Menschen nicht aufheben. Den Menschen radikal als Sünder zu denken, heißt daher nicht, ihm seine Natur oder sein Wesen abzusprechen. Aber auch nicht an eine Art Mischung und Gemengelage, an ein teils von Glanz, teils von Elend bestimmtes Sein zu denken. Die Existenz des Menschen wäre unzulänglich beschrieben, wollte man sie aus einem Kellergeschoss sinnlich halb-dunkler Umtriebe und einer Beletage glanzvoller Selbstpräsentation zusammensetzen. Darum ist die Rede von einer Doppelnatur, von den gut oder doch einigermaßen respektabel erhaltenen Resten göttlicher Gaben einerseits, und einem leiblich-tierischen Unterbau andererseits irreführend. Sünder ist der Mensch als ganzer, in seinem Elend wie in seinem Glanz. Sein Widerspruch gegen Gott manifestiert die menschlichen Abgründe gerade auch im Licht seines Könnens, die Fähigkeiten und Begabungen des Menschen zeigen sich nicht oberhalb der Lage, in die er sich manövriert hat, oder unberührt von ihr.

Anthropologisch wird die Rede von der Sünde aufgenommen, indem vom Selbstwiderspruch gesprochen wird, der zum menschlichen Leben gehört und den dieses nicht loswird, sondern nur noch vertieft, wenn es ihn zu leugnen sucht. Unergründlich und darin auch abgründig zeigt sich das menschliche Herz – in der Bibel das Lebenszentrum, das den Menschen antreibt und an dem sich entscheidet, wovon er getrieben wird. Dort, wo es ganz bei sich selbst ist, gründen die Spannungen und Widersprüche, die Ambivalenzen und Abgründe, die seine Existenz charakterisieren. So wie die Sintflutgeschichte (1. Mose 6,5: das Dichten und Trachten des Herzens ist immerdar böse) werden wir die Sünde heute nicht mehr lokalisieren, aber sie beschreibt deren zentralen Charakter richtig. Der Mensch kann in allen Angelegenheiten wesenswidrig agieren, sich selbst (etwa der Gemeinschaftsbezogenheit) widersprechen und darin auch noch erfolgreich sein. Solche Zentralität der Sünde impliziert nicht, dass der Mensch in allen seinen Handlungen scheitern oder Unheil anrichten müsste. Normalerweise kommt auch der sündige Mensch mit sich und den Mitmenschen ganz ordentlich zurecht. Aber zu ihm gehört die Entfremdung gegenüber seinem Wesen, eine Distanz zwischen dem, was er sein will und oft auch sein soll, und dem, was er ist – eine Abständigkeit zwischen Selbstdarstellung und Selbstverstellung, zwischen Angewiesenheit auf die Anderen und Selbstbehauptung gegenüber ihnen.

3.3 In der Spannung von Grund und Folgen

Dieser Fokus auf die typische Lage des Menschen, nicht nur auf seine Taten, sondern auf sein Sein, nicht nur auf die Folgen der Sünde, sondern auf den Zwiespalt seiner Lebensführung, kennzeichnet den Begriff der Ursprungssünde (*peccatum originale*), wir können auch sagen: der Grundsünde. Sie ist die Sache des Menschen, wie unterschiedlich auch immer die Vollzugsgestalten des Sündigens ausfallen mögen, also die konkrete Tatsünde (*peccatum actuale*) sich darstellt.

Wir nannten „Sünde" oben eine Form des Widerspruchs gegen Gott und zugleich eine des Selbstwiderspruchs, der alle Handlungsvollzüge prägt und den der Mensch mit sich selbst auszumachen sucht. Es charakterisiert den Sünder, dass er die ambivalenten Lagen seines Lebens, das Beieinander von Glanz und Elend, selbst zu beherrschen und zu begradigen sucht. Er nimmt es nicht klaglos hin, dass beide Seiten zu ihm gehören, ja, er wäre angesichts des moralischen, von ihm selbst gerne zur Geltung gebrachten Gegensatzes zwischen Gut und Böse auch schlecht beraten, wollte er die Gleichgültigkeit aller Selbsterfahrungen behaupten. Er muss und will dem Bösen von ganzem Herzen widersprechen und kennt dieses doch als seine eigene Möglichkeit. Luther hat die Situation des Sünders deshalb auf die Formel gebracht, dass der Mensch um seiner selbst willen, d. h. gerade weil er das Beste will, Gott nicht anerkennen kann. Der Mensch könne nicht wollen, dass Gott Gott ist, er könne Gott nicht Gott sein lassen, sondern sei immer darauf ausgerichtet, selbst Gott sein zu wollen (vgl. oben 2.1). Lässt sich der Mensch auf Gott ein, so macht er sich zu seinem Konkurrenten. Er erwartet sich viel vom „Höchsten" und will zugleich dessen Stellung selbst besetzen. „Mit Gott zu rechnen" und „Gott zu spielen" sind durchaus kongeniale Formen sozialen Verhaltens. Darum muss es nicht überraschen, dass gerade ernsthaft bemühte Fromme, die sich Gott besonders nahe dünken, mitunter massive Herrschaftsansprüche gegenüber Anderen anmelden oder zu gnadenlosen Urteilen neigen. So denken sie ihren Gott, so lieben sie ihn und verkennen ihn doch.

Es würde sich lohnen, die unterschiedlichen Formen der Gottesverehrung der Sünder gerade von ihren kirchlich-frommen Varianten aus zu entfalten, um den routiniert gegen Wissenschaftler und deren Forschungsprojekte geäußerten Vorwurf, diese wollten „Gott spielen", auf ein allgemein-menschliches und insofern auch für die Kirche typisches Maß zurückzuführen. Wird Sünde im hier entfalteten Sinne verstanden, dann wird deutlich, dass es auch beim „Sein wollen wie Gott" um den Menschen als solchen, um den Menschen als ganzen und darin auch um alle Menschen geht.

Geht es also um die Grundsünde, in der alle Menschen verbunden sind, so kann man die Menschen nicht in Sünder und Sündlose scheiden, so wenig man die Leiblichkeit des Menschen, seine Vernunft oder seine Neugier als solche für sündig oder sündlos erklären kann. Es ist immer der ganze Mensch und es sind immer alle Menschen gemeint. Gewiss zeigt sich Sünde in vielfältigen Formen, Gestalten und Folgen, aber sie ist doch nie die Angelegenheit nur von Einzelnen und auch nicht nur eines spezifischen Vermögens. Typisch ist die Sünde immer für den Menschen selbst. Wo von ihr gesprochen wird, geht es um Ganzheit und Totalität, um das Zentrum der Lebensführung und also um ihre Universalität.

Gemeinsam ist uns, dass wir in und mit unserem Leben bekräftigen, dass wir Sünderinnen und Sünder sind und einander darin in nichts nachstehen. Jede schwarzweißmalende Aufteilung der Menschen in Klassen oder Gruppen von Guten und Bösen, von Frommen und Gottlosen, bleibt ausgeschlossen. Diese universalistische Charakterisierung der Sünde als Grundsünde wird schon im Neuen Testament ausgesprochen: „Gott hat alle eingeschlossen in den Ungehorsam, damit er sich aller erbarme" (Röm 11,32). „Alle haben gesündigt und die Herrlichkeit verloren, die Gott ihnen zugedacht hatte, und werden ohne Verdienst gerecht aus Gnade" (Röm 3,23). Der inklusive Sinn der gerade in ihrem Sein als Sünder ausnahmslos einander Gleichgestellten, macht die Sünde zur Sache aller, zur Sache der Gattung.

Die theologische Tradition hat diesen wichtigen Gesichtspunkt der Universalität, an Augustinus anschließend, durch den Abstammungszusammenhang zum Ausdruck gebracht. Da nach altertümlicher Vorstellung zur Gattung gehört, wer durch den Mann gezeugt und durch die Frau geboren wurde, da zudem die Vorstellung einer gemeinsamen Abstammung aller Menschen von einem ersten Menschenpaar (Adam und Eva) vorausgesetzt war, konnte der Verweis auf die Gattung genutzt werden, um die Sünde als die gemeinsame Angelegenheit aller Menschen begreiflich zu machen. Um den universalistischen, allgemeinen Sinn zu sichern, sprach man von einem gemeinsamen Erbe der Menschheit, und dann auch von „Erbsünde".

Wie der Mensch mit der Geburt in das gemeinsame Leben der Menschen eintritt, wie die Menschenrechte von Geburt an gelten, so sollte auch die Gemeinsamkeit und Universalität der Sünde dadurch verdeutlicht werden, dass alle Menschen von Anfang an, also schon mit ihrem Geborensein an ihr Anteil haben. Mit dieser Vorstellung verband sich auch die Einsicht, dass die individuelle und persönliche Schuld an einem gemeinsamen „Reich der Sünde" (Schleiermacher) partizipiert, das Handeln des Einzelnen also nicht vollständig vom Zusammensein mit Anderen isoliert werden kann. Auch in dieser Hinsicht bewährte sich die Zugehörigkeit jedes Einzelnen zur Gattung im Bild bzw. im Symbol der alle Menschen gleichstellenden Geburt.

Die Universalität der menschlichen Geburt sollte die Allgemeinheit der Sünde sichern. Obwohl der Begriff der „Erbsünde" in anderer Hinsicht in Schwierigkeiten (s.u.) führt, kann man doch nachvollziehen, warum er in dieser einen Hinsicht als unverzichtbar galt: Der Begriff erlaubte es, im Lebensvollzug des Einzelnen eine allgemeine Charakterisierung des Menschseins zu bestätigen. Was für alle stimmt, bestimmt auch dieses Menschenkind, das nun ins gemeinsame Leben tritt. Auch es kann aus seiner Haut nicht heraus, auch dieses Individuum wird sein Leben so führen, dass es mit seinem Handeln ratifiziert, zur Gemeinschaft der Sünderinnen und Sünder zu gehören. Kein Mensch bleibt diesbezüglich neutral; keiner ahmt nur die Fehler schlechter Vorbilder nach oder gerät nur zufällig in schlechte Gesellschaft. Vielmehr macht jeder und jede die Sünde zur eigenen Angelegenheit – so unterschiedlich das im Einzelnen auch ausfällt.

Problematisch ist die Rede von der „Erbsünde" jedoch, wenn sich andere Begriffsdimensionen von Erbe oder Gattung an sie anlagern oder in den Vordergrund drängen. Das gilt etwa für Vorstellungen der Vererbung oder der Einschreibung von Schuld ins menschliche Erbgut, die den theologischen Grundbegriff mit einem medizinischen Sachverhalt kurzschließen. Dann kann es vorkommen, dass man sich die Sünde wie einen „Bandwurm" vorstellt, „von welchem wirklich einige Naturkündiger der Meinung sind, daß, da er sonst weder in einem Elemente außer uns, noch (von derselben Art) in irgend einem anderen Tiere angetroffen wird, er schon in den ersten Eltern gewesen sein müsse" (I. Kant, Religion innerhalb der Grenzen der bloßen Vernunft, 49, Anm.).

Es entsteht dann ein naturalistisches Verständnis, das dem Freiheitscharakter des Sündigens nicht gerecht wird und eher ein Verhängnis bedeutete als eine anrechenbare Schuld. Man verbessert diesen Naturalismus nicht, wenn man die Begrifflichkeit der Vererbung und Fortpflanzung auch noch ins Licht der mit der Zeugung verbundenen sexuellen Lust rückt. Die Auskunft: „Wir sind alle aus der Lust hervorgegangen und darum folgen wir auch selbst den Begierden und sündigen", überlässt die Rede von der Erbsünde einer Kausalvorstellung, die vollends unsichtbar macht, dass Sünde und Schuld des Menschen seiner Freiheit an- und zugerechnet werden und sich nicht auf seine Sinnlichkeit oder seine Natur reduzieren lassen.

Sünde und Schuld sind Ausdruck sich verfehlender und also verwirkter Freiheit. Dass sie sich in jedem menschlichen Leben findet, ist kein Naturdefekt und auch kein angeborener Schaden, für den die Verursacher haften müssten, weil kein Handelnder sie selbst zu verantworten hätte. Widersprochen werden muss auch dem Versuch, den Begriff der Erbsünde mit der Vorstellung einer Kollektivschuld zu verbinden als ob die Zugehörigkeit zu einem Volk oder einer Gruppe die Individuen schuldig machte. Solchen Vorstellungen gelingt es nicht, das Individuelle und Subjektive der je eigenen Schuld mit dem allgemeinen und universalen Charakter des Sünderseins zu vermitteln. In dieser Hinsicht war die Allgemeinheit und Individualität der Geburt plausibel. Dennoch zeigt sich, dass der unverzichtbare Allgemeinheitscharakter der Sünde in anderen Begriffen als dem der Erbsünde besser gewahrt werden kann. In diesem Sinne sprechen wir hier nicht von „Erbsünde", sondern von Ursünde bzw. Grundsünde und unterscheiden von ihr deren Folgen, die vielfältigen Formen der „Tatsünden".

3.4 In der Spannung von Freiheit und Unfreiheit

Kein anderes Phänomen ist für die Rede von der Sünde so grundlegend wie das der Freiheit. Sünde ist gewollt, bejaht und zu verantworten, darum ist sie zurechenbar und etwas, das bereut werden kann. Sie ist also kein Verhängnis oder Schicksal. Aber die Art und Weise, wie die evangelische Theologie von der Sünde spricht, macht deutlich, dass sie die menschliche Freiheit nicht als abstraktes Wahlvermögen begreift, das zwischen gleichberechtigten Alternativen entscheiden kann – wie es das Bild des sogenannten Buridanischen Esels nahelegt, der zwischen zwei gleich großen und gleichermaßen verlockenden Heuhaufen verhungert, weil er angesichts eines vollständigen Patts der äußeren Reize keinen Anlass findet, in eine bestimmte Richtung zu laufen. Nach dieser Vorstellung von Freiheit besteht die Überlegenheit des Menschen gegenüber dem minderbemittelten Tier darin, in einer Situation der Indifferenz der Antriebe eine Willensentscheidung treffen zu können. Die Beschreibung suggeriert ein Verständnis menschlicher Freiheit als gleichsam aus dem Nichts entspringende Willkür.

Doch so zeigt sich humane Freiheit nicht. Wo wir von ihr Gebrauch machen, hat sie immer schon eine Richtung, steht sie immer im Verbund mit Vorentscheidungen und bestätigt diese in ihrem Wählen. Freiheit fängt nicht mit sich selbst an, sondern antwortet auf Erfahrungen, Situationen und bereits getroffene Entscheidungen. Sie will sich erhalten – und ist darum nicht unparteiisch gegenüber den Gegenständen, die sie bei ihrer Wahl den Vorzug gibt. Wir gebrauchen unsere Freiheit im Lichte von Entscheidungen, die wir wieder aufnehmen, sei es, dass wir sie bestätigen, sei es, dass wir sie überarbeiten.

Freiheit wird daher unzureichend beschrieben, wenn man sich vorstellt, ein freies Subjekt könne sich an den eigenen Vollzügen wie Münchhausen an den eigenen Haaren selbst aus dem Sumpf ziehen. Das freie Subjekt ist kein unbeschriebenes Blatt, das jenseits seiner lebensgeschichtlichen Prägungen Souverän von Entscheidungen ist. Zur menschlichen Freiheit gehören die äußeren Umstände, die eröffneten Chancen, die Selbstblockaden und Vorlieben. Unser Handeln verknüpft sich mit Erinnerungen und Erwartungen, aber auch mit Enttäuschungen, an denen die Erfahrung reift.

So kennt und erfährt der Mensch Freiheit als etwas, das er verwirklichen, aber auch verfehlen kann, das ihn zugunsten seiner Interessen, unter Umständen aber auch gegen diese Interessen votieren, aber ihn selbst nie unentschieden und unbestimmt lässt. Freiheitsgebrauch ist begleitet von der Sorge um Freiheitserhalt. Man kann Freiheit durch Entscheidungen, aber auch durch Unentschiedenheit verlieren und verfehlen. Das erklärt, warum Freiheit ängstigen kann.

Zwischen *Freiheit* und *Unfreiheit* besteht eine Dialektik, die Paulus eindrücklich beschreibt und die in Philosophie und Theologie, gelegentlich mit unverkennbarer Freude an Paradoxien, expliziert wurde. Nach ihr gehört zur Erfahrung der Freiheit eine Ambivalenz: die Möglichkeit, sich selbst zu verfehlen, wird entdeckt, indem man sich der Freiheit bewusst wird. Verwirkte Freiheit zeigt sich als die andere Seite verwirklichter Freiheit. Daraus resultiert eine Beunruhigung, die von der Freiheit nicht getrennt werden kann. Die Beobachtung, dass das freie Subjekt nicht unterlassen hat, was es um seiner Freiheit willen hätte vermeiden müssen, ist nur ein spezieller, moralisch relevanter Fall einer Erfahrung, die von der Freiheit nicht getrennt werden kann. Grundlegender als die moralische Deutung der Sünde ist die Entdeckung, dass der Mensch gerade im guten Willen nicht vollständig und restlos mit sich übereinstimmt. Das Gute wird bejaht, ja, nach Kräften realisiert, und kann doch nicht in derjenigen Eindeutigkeit festgehalten und bewahrt werden, mit der es der reine Wille anstrebt. Denn der Handelnde begegnet nicht nur Widerständen der Realität und widerstrebendem, fremdem Willen, sondern bemerkt an sich selbst Zweideutigkeiten, die ihm entgangen waren, solange er sich noch ganz auf den bloßen Willen ausrichtete und noch nicht zu handeln begann. Der Wille, der etwas realisiert und darin sich verwirklicht, bleibt so rein nicht, wie es zunächst schien. Schon dass ein Mensch nicht aufs Geratewohl handelt, sondern sein Handeln reflektiert, zwingt ihn zur Abwägung und stößt auf Gegengründe und Widerstände. Diese werden nicht nur von außen an den Handelnden herangetragen, sondern in ihm selbst laut. In diesem Sinne gehört das Motiv eines auftretenden Spaltes schon in der biblischen Urgeschichte zur Erfahrung des Handelns und zur Vertrautheit mit der Sünde. Die Sünde lauert vor der Tür, heißt es in der Geschichte Kains. Sie haust im Schwellenbereich, an dem Subjekte zum Handeln übergehen – wie Kain, der sich entschließt, Gott ein Opfer zu bringen (1. Mose 4,3). Abel macht es ihm nach, aber Kain beobachtet mit aufsteigendem Grimm, dass dem jüngeren Bruder besser und erfolgreicher gelingt, was er selbst erfunden und vorgemacht hatte. In dieser Entdeckung eines Neides, der ausgerechnet dort entsteht, wo sich die Brüder ganz dem Dienst am Höchsten widmen, verdeutlicht die Bibel, dass der Mensch keiner Einflüsterung der Schlange bedarf, dass vielmehr in ihm selbst, ihm selbst unerklärlich, das gerade Gegenteil des Guten aufbricht, das er doch tun will. Diese Beobachtung eines Spaltes, der sich auftut, wird bei Paulus radikalisiert: „Das Gute, das ich will, tue ich nicht, sondern das Böse, das ich nicht will, das tue ich" (Röm 7,19). Sünde ist Selbstentfremdung auch noch im guten Willen.

Zur Selbsterfahrung gehört nicht nur die Sorge um den Erfolg der guten Absichten, sondern auch die Konfrontation mit anderen Möglichkeiten und Alternativen, die den Zwiespalt zwischen Wollen und Handeln vertieft. Getan zu haben, was man nicht wollte, verändert das Selbstverhältnis des Handelnden wie die Erfahrung, einer Situation nicht zu genügen, oder stets auch eigenen Ehrgeiz zu befriedigen – das sind Erfahrungen, die gerade Handelnde mit sich selbst machen, die sich um das bemühen, was sie als gut erkannt haben. Allenfalls diesseits des Handelns war ihr guter Wille ganz rein. Sobald sie sich an die Realisierung ihrer Absichten machen, melden sich in ihnen auch andere Stimmen. Nicht-Übereinstimmung mit sich selbst, Widerstände im eigenen Haus und Streit um die richtige Entscheidung sind kein zufälliger Befund und resultieren auch nicht allein aus der Beteiligung anderer. Sie spiegeln dem engagierten, fürs Gelingen des Guten eintretenden Subjekt, dass es selbst endlich bleibt. Es ist nicht mit dem identisch, wonach es strebt. Auch hinsichtlich der guten Absichten gehört Distanz gegenüber sich selbst zur Eigenart des Menschen, der in der Geschichte der Anthropologie zurecht als ein Wesen der Disproportionalität, des Widerspruchs, der Nicht-Identität beschrieben wurde. Als solches ist der Mensch durch weitere elementare Differenzen wie die Differenz zwischen Ich und Selbst, zwischen Ich und mich sowie zwischen Leib und Körper bestimmt.[3]

---

[3] „Wir sind etwas und sind nicht alles", schreibt B. Pascal, Fragment 139 (vgl. P. Ricœur, Fehlbarkeit, 32) und begründet damit die Spannung zwischen Endlichkeit und Unendlichkeit, zwischen Größe und Elend des Menschen.

3.5 Zwischen Endlichkeit und Unendlichkeit

Niemand findet sich mit eigener Endlichkeit konfliktfrei ab. In der biblischen Erzählung wird dem Menschen, wird Adam und Eva der Zugriff auf den Baum des Lebens verwehrt. Darum erfüllt sich ihnen nicht die Verheißung der Gottgleichheit, die mit der Erkenntnis aller Dinge, des Guten und des Bösen, verbunden war. Die menschliche Lebenszeit bleibt begrenzt (siebzig Jahre voller Mühe und Plage, und wenn es hochkommt, achtzig Jahre; vgl. Ps 90,10), das Individuum muss sterben und auf diese Weise an sich und anderen erfahren, dass sich ihm das Leben, das ewige zumal, entzieht. Der Mensch verfügt nicht souverän über die Mittel zum Leben und bekommt es nicht vollständig in den Griff. Darin zeigt sich, dass wir vom Unendlichen, von Gott selbst, unterschieden bleiben.

Der Glaube an den Gott, der dem Menschen trotz dessen Sünde die Treue hält, setzt Kräfte frei, die eigene Endlichkeit zu ertragen. Die Begrenzung durch Gott gehört ebenso zur Geschöpflichkeit wie die Würde des Menschen, sich bejaht und gewollt zu wissen. Doch fällt es selbst den Glaubenden nicht leicht, mit solchen Spannungen und Divergenzen umzugehen. Endlichkeit löst beim Menschen eine Fülle von Irritationen aus: Er muss mit begrenzten Möglichkeiten und Kräften, mit Zeitmangel, mit eigener und fremder Verletzbarkeit zurechtkommen. Er muss am Tod anderer lernen, dass auch seine Zeit begrenzt ist. Psychisch gesund kann er nur sein, wenn er nicht beständig an den Tod denkt, mit diesem nicht gemeinsame Sache macht, sondern trotz der eigenen Grenzen ganz dem Gott, der ihm Leben gibt, vertraut. Solcher Glaube verbindet sich mit Hoffnung, so dass sich der Mensch nicht ängstlich ans Bestehende und Sichtbare halten, sondern über den *status quo* hinausgreifen, sich von der

Verheißung Gottes provozieren lassen kann. Der Mensch geht darum in dem Endlichen, mit dem er täglich zu tun hat und das er an sich selbst wahrnimmt, nicht auf. Er hat es mit Immanenz und Transzendenz, mit Welt und Gott, zu tun und muss darum loslassen, was er festhalten will, und überschreiten, was ihm gegeben ist.

Vom Menschen wird deshalb nur recht geredet, wenn man auch in der Spannung von Endlichkeit und Unendlichkeit die Ambivalenzen und Abgründe in den Blick nimmt, die ihn kennzeichnen. Was immer die Kirche theologisch über die Sünde und in deren Folge über menschliche Schuld und Schulderfahrung sagt, verweist auf Tiefendimensionen, in denen mit und an der Beziehung zu Gott die menschliche Selbstverfehlung erkennbar wird. Der Mensch verfehlt sich, wenn er „sich verfehlt".

3.6 Sünde als Angst in der Freiheit

Wäre Freiheit ein bloßes Spiel mit Möglichkeiten, erschöpfte sie sich in Fiktionen und virtuellen Welten (im Konjunktiv des *hätte*, *könnte*, *würde*), dann bliebe sie abstrakt. Solche Freiheit hielte sich in der Komfortzone einer Unschuld, die sich auf nichts Konkretes festlegt, auf keine wirkliche Handlung einlässt. Sobald es jedoch mit der Freiheit ernst wird, sobald sich Handelnde der Wirklichkeit stellen und ihren eigenen Willen verwirklichen, lernen sie andere Seiten der Freiheit kennen. Der Entdeckung der Freiheit folgt die Angst um ihren Verlust. Sie ist nicht Furcht vor dieser oder jener Gefahr, die aus einer Entscheidung entstehen mag, sondern eine Art innerer Sinn der endlichen Freiheit. Die Sorge, durch eine Entscheidung sich anderer Möglichkeit zu berauben, also durch Realisierung von Freiheit Freiheit zu verlieren, ringt beständig mit der Sorge, durch Unentschiedenheit, aus Angst vor Freiheitsverlusten, auf den Gebrauch der Freiheit zu verzichten („die Angst, sich zu verlieren durch Selbstverwirklichung, und die Angst, sich zu verlieren durch Nichtverwirklichung" hat das Paul Tillich im Anschluss an Søren Kierkegaard genannt[4]). Diese doppelte Angst deckt im Selbstverhältnis des Menschen Charakteristisches auf. Der Mensch ist nicht mit sich selbst identisch wie ein Stein oder irgendein anderes Ding, sondern er verhält sich zu seinen Möglichkeiten und darin zu sich selbst – und muss das auch.

Wenn mit dem Begriff der Sünde nicht nur die konkrete Schuld, nicht nur Taten beurteilt werden, sondern der ganze Mensch in seinem Gottesverhältnis in den Blick kommen soll, dann reicht es nicht aus, sie moralisch zu betrachten. Denn auch das Gute, das der Mensch zu tun vermag, auch das, was im Leben und Handeln gelingt, partizipiert an den Abgründen und Spannungen, die den Menschen in seinem Widerspruch zu Gott kennzeichnen. Die anthropologische Radikalität der Rede von der Sünde leugnet nicht, dass es Gutes und Güte unter Menschen gibt. Sie denunziert beides nicht (was auch vergeblich wäre), wenn sie auch das, was dem Menschen glückt, von den Abgründen sich ängstigender Freiheit geprägt sieht. Dass der Mensch sich verfehlen kann, markiert die Wirklichkeit eines Wesens, das sich zu sich verhält. Erst im Wissen um die eigene Fehlbarkeit und im Eingeständnis faktischer Verfehlung, ist der Mensch mit seiner Freiheit vertraut und lernt sie in guten Werken zu gebrauchen. So erkennt er sich vor Gott.

---

4 P. Tillich, Systematische Theologie, Bd. 2, 42.

Weil der Mensch sich selbst nicht gleichgültig sein kann, fehlt ihm ein unmittelbares Vertrauen zu Gott. Er will ja frei sein und muss sich zugleich um seine Freiheit sorgen und für sich selbst und seine Interessen streiten. Insofern ist er aus dem Paradies eines unbekümmerten Selbstseins gerade als freier vertrieben. Schon seine Frage, ob er sich im Ernst auf Gott verlassen kann, zeigt an, wie es um ihn bestellt ist. Um seiner selbst willen, um sein Leben ins Gute zu führen, möchte er glauben – und erkennt doch, dass er sich mit der Sorge um sich selbst im Wege steht.

Das kann er so wenig vermeiden, so wenig er Freiheitserfahrungen wegwünschen oder einhegen kann. Freiheit will bejaht sein, auch wenn sie die Entschlossenheit bedeutet, zu sich selbst zu stehen, sich selbst zu rechtfertigen, für sich selbst geradezustehen und keinen anderen für sich eintreten zu lassen. In diesem Sinne heißt sich auf sich selbst zu verlassen, ein Leben *sine fiducia erga deum et sine metu Dei* („ohne Vertrauen gegenüber Gott und ohne Gottesfurcht") zu führen. Was das Augsburger Bekenntnis mit diesen Worten beschreibt (vgl. oben, 2.1), charakterisiert die Lage des Menschen, also die typische Situation des Menschen vor Gott. Das fromme Gemüt unterschätzt das leicht, wenn es sich vornimmt, es in Zukunft anders zu halten und Gott absoluten Vorrang zu lassen. Gerade am ernsten Willen des frommen Menschen zeigt sich, wie sehr dieser auf sich selbst bezogen bleibt. Luther nennt ihn deshalb einen in sich selbst verkrümmten, stets mit sich selbst befassten Menschen (*homo incurvatus in se ipsum*). Zur Sündenerkenntnis gehört deshalb die Einsicht, dass gerade der fromme Wunsch und das gelingende gute Werk keine Ausnahme darstellen, sondern sich auch und gerade an ihnen bestätigt, was die Metapher vom „Sündenfall" sagen will.

In diesem Sinne gilt: Der Mensch kann von sich aus Gott nicht Gott sein lassen, sondern muss selbst Gott sein wollen. Das schließt ein, dass er misstrauisch gegenüber anderen bleibt, den Nächsten als Konkurrenten wahrnimmt und damit unterhalb der Möglichkeiten bleibt, die wahres Menschsein ausmachen. Es lassen sich daher die Phänomene der Schuld unterschiedlichen Typen sich selbst verfehlender Freiheit zuordnen (wie es an anderer Stelle dieses Textes versucht wird).

3.7 Fazit: Sündenverständnis und anthropologischer Realismus

Wenn die Kirche von der Sünde spricht, tut sie das, um die Botschaft von der Versöhnung des Menschen durch Gott (genauer noch: um den Begriff der Rechtfertigung des Gottlosen) recht auszulegen. Sie zielt weder auf moralische Gängelung humanen Verhaltens noch will sie das menschlich Gute schlechtreden oder Schuld und Verdienst gleichsetzen. Sie will vielmehr die Situation des Menschen so beschreiben, wie sich diese angesichts der unbedingten und ungeschuldeten Menschenfreundlichkeit Gottes darstellt. Gott kommt nicht den guten Werken des Menschen in milder Nachsicht und auf halbem Wege entgegen, sondern ist zu Sünderinnen und Sündern gekommen, um diesen nahe zu sein.

Ob die *conditio humana* von der evangelischen Theologie zutreffend beschrieben ist, wird strittig bleiben, vor allem dann, wenn sie nicht im Lichte der Botschaft von der Rechtfertigung des Sünders durch Gott gelesen wird. Niemandem kann die Kirche ihren Blick auf den Menschen vorschreiben. Sie kann nur voraussetzen, dass dieser dort einleuchtet, wo Gottes Treue, wo seine den Sündern geltende Gnade glaubwürdig wird. Sie hat aber in ihrer Verkündigung dafür Sorge zu tragen, dass ihre Beschreibung des Menschseins diese Botschaft nicht hintertreibt – sei es, dass sie die Abgründe verdeckt, sei es, dass sie ihren Realismus mit Pessimismus, mit kleinbürgerlicher Menschenverachtung oder billiger Ungnade verwechselbar macht. Darum betont sie heute erneut, dass sie den Menschen als Sünder und von Gott Gerechtfertigten zugleich (*simul iustus et peccator*) begreift.

Sie beschreibt mit ihrem Blick auf den Menschen daher nicht außenperspektivisch die Verderbtheit der übrigen Welt und sie denunziert auch nicht den guten Willen der Handelnden und ihr Engagement. Sie freut sich vielmehr an allem Guten, das unter Menschen möglich ist. Sie erinnert an die Abgründe und Ambivalenzen menschlichen Lebens, wenn sie von Sünde und Schuld spricht. Aber für eine Einschüchterung menschlichen Freiheitsstrebens und politischem Gestaltungswillen steht sie nicht zur Verfügung, weiß sie doch, dass eine „schwarze Anthropologie" nicht der Erkenntnis des Evangeliums, sondern der Befestigung autoritärer Strukturen gedient hat und auch heute wieder dient. Die Behauptung, weil der Mensch von Natur aus böse sei, bedürfe er eines starken Staates, mächtiger Führer oder ständiger Überwachung, entstellt die christliche Rede von der Sünde gerade dort, wo es auf sie ankäme. Denn sie nimmt weder die Freiheit des Einzelnen noch die Universalität von Gericht und Gnade ernst.

Gerade darum aber geht es in aller Sündenerkenntnis: dass kein Mensch so tief fällt, dass Gott ihm den Neuanfang verwehrt, und keiner so hoch steigt, dass er der Gnade Gottes nicht bedürfte.

4. Biblische Konstellationen

Wir würden nicht von Sünde und Vergebung reden, wären wir nicht durch die biblischen Texte dazu veranlasst. Die folgenden Ausführungen zu verschiedenen biblischen Traditionen zielen darauf, das Verständnis von Sünde und Schuld zu vertiefen, indem diese Texte als grundlegende Einsichten in das Wesen der Menschen und ihr Verhältnis zu Gott gelesen werden. Sie weisen die in Kapitel 3 genannten Phänomene des Sündigens als Teil der jüdisch-christlichen Tradition aus. Dafür wurden sechs repräsentative Texte ausgewählt, die auch das Verständnis von Schuld und Vergebung in der christlichen Kirche nachhaltig beeinflusst haben.

4.1 Die „Sündenfälle" der biblischen Urgeschichte

Die biblische Urgeschichte (1. Mose 1–11) verhandelt menschheitsgeschichtliche Fragen, beginnend mit der Schöpfung der Welt und der Menschen, ihrem Freiheitsgewinn, der mit der Entfernung von Gott einhergeht, bis hin zur Geschichte vom Turmbau, die mit der Zerstreuung der Menschen in verschiedene Sprachen und Weltgegenden endet. Sie ist kein historischer Bericht, sondern eine Sammlung von Ursprungslegenden, die die Lebensverhältnisse der vorfindlichen Welt und ihre Herkunft erklären (Ätiologie), z.B. das Angewiesensein der Menschen auf Gemeinschaft, die lebensabträglichen Seiten des Daseins und den Ursprung des Bösen in der Welt. Die meisten Erzählmotive finden sich auch in den Mythen der Nachbarvölker und der antiken Hochkulturen Ägypten und

Mesopotamien. Eine Besonderheit der biblischen Erzählung liegt darin, dass in ihr nur eine Gottheit auftritt, die ordnend, bildend, zerstörend und rettend handelt, so dass in der Urgeschichte gegenläufige Perspektiven – Segen und Fluch – miteinander verwoben sind.

4.1.1 Adam und Eva: Der Verlust des Paradieses

Die Paradieserzählung in 1. Mose 2,4b–3,24 wird traditionell als Geschichte vom „Sündenfall" verstanden, als erste und grundlegende Übertretung eines göttlichen Gebots, die das gerade erst geschaffene erste Menschenpaar von Gott entfernt. Das hebräische Wort für „Sünde" (*chatta't*) findet sich jedoch in der Paradieserzählung nicht, sondern begegnet erst in 1. Mose 4,7 im Zusammenhang mit Kains Neid auf seinen Bruder Abel. Als Ätiologie ist die Paradieserzählung von ihrem Ende her zu lesen als Erklärung der menschlichen Fähigkeit, zwischen „gut" und „böse" unterscheiden zu können, die aber zugleich bedeutet, für die Folgen der Unterscheidung verantwortlich zu sein. Sie thematisiert so die menschliche Freiheit als Zwiespalt zwischen einer Bestimmung zum Guten und einem Hang zum Bösen.

Grundsätzlich werden die Menschen in 1. Mose 2–3 als relationale, auf Beziehung angewiesene Wesen bestimmt. Der erste Mensch wird wie ein Tongefäß gebildet, aus „Staub vom Erdboden" und durch Einhauchen von Lebensatem (2,7). Dass dieser „Erdling"[5] allein ist, wird ausdrücklich negativ bewertet, und so versucht Gott, „eine Hilfe, die ihm entspricht" (2,18),

---

[5] Das Hebräische enthält ein Wortspiel: der Adam ist aus *adamah* „Erdboden" gebildet.

zu schaffen. Gott erschafft aus einer Seite[6] des „Erdlings" ein ihm verwandtes und ebenbürtiges Wesen („Bein von meinem Bein und Fleisch von meinem Fleisch" 2,23). Gleichzeitig werden Mann und Frau jedoch unterschieden und ihre Beziehung zueinander als Fortführung der Generationenfolge bestimmt (2,24). Die Menschen erhalten die Aufgabe, den von einem gewaltigen Strom bewässerten Paradiesgarten zu bebauen und zu bewahren (2,15). Sie sind im Gottesgarten umfassend versorgt und haben eine unmittelbare Beziehung zu Gott und zu einander. Das Fehlen jeglicher Scham, eines Gefühls der Entehrung, wird in 1. Mose 2,25 ausgedrückt.

Demgegenüber erzählt 1. Mose 3 vom Verlust dieser idealen Lebensverhältnisse. Die Frau übertritt das Verbot Gottes, von einem bestimmten Baum des Gartens zu essen, angestachelt durch die kritische Frage der Schlange und ihre Aussage, wer von dem Baum esse, werde „wie Gott und wissen, was gut und böse ist" (3,5). Die Erzählung setzt bereits für das Paradies das mögliche Begehren von Gut und Böse voraus. Diese Spannung weist darauf hin, dass die aktuellen Lebensverhältnisse zwischen Gut und Böse auf eine ideale „Vorzeit" projiziert werden, in der die Menschen dies nicht unterscheiden konnten und es daher auch keine Sünde gab. Die Sünde wird als solche erst durch die Unterscheidung erkannt und mit der Vertreibung aus dem Paradies, in der Gottesferne, wirkmächtig, wo sie sich als das Lebensabträgliche im Dasein der Menschen entfalten kann. Die christliche Theologie erkannte in dem Begehren zu sein „wie Gott" den menschlichen Hochmut, der die Geschöpfe in

---

6 Das hebräische Wort (*zela'*) bezeichnet die Seite einer Sache, wie die griechische Übersetzung *ta pleura* zeigt; vgl. 2. Mose 25,12.14; 26,20; 2. Sam 16,13), nicht die Rippe. Diese Fehllesung basiert auf der lateinischen Übersetzung und wird durch die Kirchenväter negativ gedeutet: Die Krümmung der Rippe verweise auf die Sündhaftigkeit Evas.

Konkurrenz zum Schöpfer treten lässt und sie zugleich voneinander entfernt (s. oben 2.1).

In ihrem Begehren nach Wissen isst die Frau eine Frucht des verbotenen Baumes und gibt auch ihrem Mann davon. Die Folge ist nicht (unmittelbar) der Tod – insoweit hatte die Schlange recht (3,4) – sondern die Erkenntnis, nackt, das heißt den Blicken der Anderen schutzlos ausgeliefert zu sein. Die Nacktheit hat an sich nichts mit Schuld zu tun, wie die Auslegungsgeschichte immer wieder suggeriert hat, sondern ist mit der Erkenntnis verbunden, im Gegenüber zu Gott schutzlos und deshalb verletzlich zu sein. Die Scham, das Gefühl des Ehr- und Statusverlusts in den Augen anderer, geht unmittelbar mit der Erkenntnis von Gut und Böse einher. Weder diese Erkenntnis noch die Scham werden im Text mit der Entdeckung der Geschlechtlichkeit verbunden. Daher ist die Verbindung von Sexualität mit Sünde in der Auslegung von 1. Mose 2–3 dem Text nicht angemessen. Gegen die Nacktheit hilft die von Gott bereitgestellte Kleidung (3,21; vgl. 3,7), die ihn trotz der Missachtung seines Gebots durch die Menschen als fürsorglich charakterisiert. Kleidung symbolisiert in der Antike die gesellschaftliche Stellung einer Person, Nacktheit dagegen Statuslosigkeit. Das „Sein wie Gott" wird aber begrenzt durch die Vertreibung aus dem Garten um zu verhindern, dass die Menschen auch noch vom Baum des Lebens essen und unsterblich werden (3,22).

Das Leben außerhalb des Gartens – die menschliche Situation in der vorfindlichen Welt – ist mehrfach eingeschränkt und vom Tod umfangen: Gott verflucht den Ackerboden (3,17) und die Schlange (3,14), die fortan den Menschen feind ist. Die Menschen müssen ihre Nahrung im Schweiße ihres Angesichts erarbeiten und ihre Lebenszeit ist begrenzt. Die Leben schaffende, sonst nur den Gottheiten zukommende Potenz der Frau wird beeinträchtigt durch Schmerzen beim Kindergebären und ihre Unterordnung unter den Mann (3,16). Die Bedingungen des entbehrungsreichen Lebens „jenseits von Eden" spiegeln also gerade nicht die von Gott gewollte Weltordnung wider, sondern sind eine Folge der Übertretung des göttlichen Gebotes, der Abkehr von Gott und damit eine von Schuld beladene soziale Ordnung. Der Verlust der Gottesnähe, die Sterblichkeit und die Mühsal der Menschen, ihr Überleben zu sichern, wird mit dieser Ursprungserzählung über das erste Menschenpaar erklärt. Der Tod als Folge der Abkehr von Gott kann nur durch Zeugung und Geburt relativiert werden, worauf die Benennung Evas als „Mutter aller, die da leben" (3,20) hinweist. Die Gottesferne ist jedoch ein grundlegendes Kennzeichen der Menschen, was die christliche Theologie als „Ursünde" oder „Grundsünde" bezeichnet (s. oben 3.3).

Die Erlangung der Unsterblichkeit, die in anderen antiken Ursprungsmythen das Ziel menschlichen Begehrens ist, wird durch die Vertreibung aus dem Paradiesgarten verunmöglicht und hat auch den Verlust der ursprünglichen Fülle des Lebens zur Folge. Die Befürchtung, die Menschen könnten vom Baum des Lebens essen und unsterblich werden (3,22), impliziert, dass sie auch im Paradies bereits sterblich sind. Allerdings wird der Tod erst mit der Vertreibung akut: „Staub bist du und zum Staub kehrst du zurück" (3,19) – das gilt erst außerhalb des Paradieses. Auch hier enthält die mythische Erzählung eine unauflösbare Spannung.

Die Auslegungen der Paradieserzählung sind überwiegend negativ konnotiert, insofern sie häufig Sexualität oder sexuelles Begehren mit Sünde identifizieren und Eva als Ursprung allen Übels darstellen. Schon die Anspielung auf 1. Mose 3 in Sirach

25,24: „Die Sünde nahm ihren Anfang bei einer Frau und um ihretwillen müssen wir alle sterben", spiegelt diese Vorstellung. Auch die „Bestimmung" der Frau zum Kindergebären (1. Tim 2,13–15) setzt diese Tradition fort und begründet sie mit Bezug auf Einzelzüge der Paradieserzählung. Wie gezeigt, sind solche Auslegungen dem Text von 1. Mose 2–3 aber nicht angemessen. Obwohl auch Paulus die Unterordnung der Frau unter den Mann schöpfungstheologisch begründet (1. Kor 11,7–9; vgl. 2. Kor 11,3), identifiziert er den ersten, durch die Übertretung sündhaften Menschen mit Adam (Röm 5,13–15), nicht mit Eva, und macht ihn zum Typus des in die lebensabträglichen Strukturen der Sünde verwickelten Menschen.

4.1.2 Kain und Abel: Der Verlust der brüderlichen Gemeinschaft

Die Erzählung von Kain und Abel, den beiden Söhnen des ersten Menschenpaares, setzt mit einem unbegründeten göttlichen Handeln ein: Gott verschmäht die Gabe des Erstgeborenen, die Feldfrüchte des Ackerbauern Kain, während er die Erstlingsgaben des Kleinviehhirten Abel annimmt. Diese Bevorzugung des jüngeren Bruders lässt Kain „entbrennen"; sein gesenkter Blick verweist darauf, dass er nur sich selbst wahrnimmt und den Bruder nicht sieht. Gott ermahnt Kain, es gut sein zu lassen und über die „Sünde" zu herrschen (1. Mose 4,7). Diese wird hier wie ein auf der Türschwelle lagernder Dämon beschrieben, der sich Kains zu bemächtigen versucht.

In mahnenden Fragen versucht Gott, Kain die Folgen des guten und des „nicht-guten" Handelns aufzuzeigen. Kain aber kann Eifersucht, Neid und das Gefühl des Zurückgesetztseins nicht kontrollieren und erschlägt seinen Bruder Abel. Wie schon Adam im

Garten, so weicht auch Kain der Frage Gottes „Wo ist dein Bruder?" aus, kann aber den Folgen seiner Bluttat nicht entkommen. Gott verflucht Kain „weg vom Ackerboden", was ihn „unstet und flüchtig" (4,12) werden lässt. Auf dessen klagenden Einwand hin, diese Strafe sei zu schwer für ihn, zeichnet Gott ihn mit dem sogenannten „Kainsmal", ein nicht näher bestimmtes, unheilabwehrendes Zeichen, damit niemand ihn erschlage.

Gott schützt also das Leben des Brudermörders, der freilich die Folgen seines Handelns zeitlebens tragen muss. Kain geht „weg vom Angesicht Gottes", was einem Verlust der Gottesbeziehung gleichkommt, und baut eine Stadt im „Niemandsland" östlich von Eden (1. Mose 4,16) – der Name bedeutet „unstetes Leben". Auch Kains Nachkommen sind unstet Wandernde: nomadisierende Viehhirten, Musiker sowie Kupfer- und Eisenschmiede (1. Mose 4,17–24). Als Ätiologie handelt 1. Mose 4 von der menschlichen Unfähigkeit, Gottes mitunter unerklärliches Handeln auszuhalten, seine Weisung zu befolgen und das Gute zu wählen. Die „Sünde" erscheint als beherrschbares Verlangen nach Geltung, das Kain aber gerade nicht beherrscht, das ihn zum Brudermord führt und fern von Gott zurücklässt.

4.1.3 Das Turmbauprojekt: Der Verlust der gemeinsamen Sprache

Die Erzählung 1. Mose 11,1–9 erklärt (wie bereits die sogenannte Völkertafel in 1. Mose 10) die Aufteilung der Menschheit in verschiedene Völker und Regionen. Während die Genealogien der Söhne Noahs in der Völkertafel unter dem positiven Vorzeichen der Vermehrung und damit des bei der Schöpfung gegebenen göttlichen Segens stehen, ist das Stichwort in 1. Mose 11 negativ bestimmt als „Zerstreuung".

Wie in der Paradieserzählung wird die vorfindliche Lebensform als Abkehr vom ursprünglichen Ideal, der ungetrübten Gemeinschaft der Menschheit durch eine Sprache (11,1), dargestellt. Die Menschen wollen eine Stadt und einen bis an den Himmel reichenden Turm bauen, um sich einen Namen zu machen und ihre Einheit zu bewahren (11,4). Was als menschlicher Hochmut, ja Größenwahn, erscheint, erwächst allerdings aus einer Befürchtung, sich sonst zu zerstreuen. Der Name der Stadt, Babel (babylonisch „Tor der Götter"), wird mit einem hebräischen Wortspiel (*babel – b-l-l* „verwirren") karikiert.

Aufgrund ihrer Stellung am Ende der Urgeschichte lässt sich die Turmbaugeschichte als Parabel des menschlichen Vertrauens auf die eigenen Fähigkeiten und das technisch Machbare lesen, obwohl in ihr die Begriffe „Sünde" und „Hybris" fehlen. Das Streben der Menschen nach Selbstruhm wird zum Beispiel einer kollektiven Verblendung, die aus Angst vor Bedeutungslosigkeit maßlos agiert. So lässt die Erzählung die Erbauer des Turmes sagen: „Wohlauf, lasst uns eine Stadt und einen Turm bauen, dessen Spitze bis an den Himmel reiche, dass wir uns einen Namen machen; denn wir werden sonst zerstreut über die ganze Erde" (1. Mose 11,4). Angst und Geltungssucht erscheinen hier als zwei Seiten derselben Medaille. Zerstreuung und gegenseitiges Unverständnis der Menschen signalisieren einen Zustand, der nicht gut und der menschlichen Gemeinschaft abträglich ist.

4.2 Strukturelle Sünde: Die prophetische Sozial- und Kultkritik

Der Maulbeerfeigenzüchter und Viehbesitzer Amos aus dem judäischen Tekoa (Amos 1,1; 7,14) wird um 760 v. Chr. zum

Propheten und kündigt dem politisch und wirtschaftlich starken Nordreich Israel den Untergang an. Seine Visionen vom überreifen Obst im Korb (8,1–2) und vom Zerschlagen des Altars (9,1) stellen dieses Ende eindrücklich vor Augen. Amos begründet seine Gerichtsbotschaft für das ganze Volk mit den Verfehlungen der Oberschicht: Die wohlhabenden Städter und Großgrundbesitzer führen ein Leben im Luxus (4,1; 6,1–6) auf Kosten der wirtschaftlich Schwächeren, indem sie Arme und Tagelöhner ausbeuten (2,6–8; 8,4–6), in Schuldknechtschaft bringen (5,11) und das Recht durch Bestechung von Richtern und Zeugen beugen (3,10; 5,7.10.12). Mit seiner schonungslosen Gegenwartsanalyse beschreibt Amos einen Zustand, der aus heutiger, globaler Perspektive „strukturelle Sünde" genannt werden kann, nämlich ungleiche Lebensverhältnisse, Ausbeutung und Verschwendung von Ressourcen durch wenige Reiche auf Kosten der Masse der Armen. Dieses Handeln der Oberschicht bewertet Amos als Aufkündigung der Gemeinschaft (6,6) und als Bruch der von Gott bestimmten, auf sozialem Ausgleich beruhenden Ordnung. Er entlarvt die Verehrung Gottes im Heiligtum von Samaria mit vielen Opfergaben als scheinheilig und letztlich unwirksam, weil das alltägliche Handeln nicht an Recht und Gerechtigkeit orientiert sei (5,21–23). Stattdessen fordert der Prophet: „Es ströme aber das Recht wie Wasser und die Gerechtigkeit wie ein nie versiegender Bach" (5,24). Amos hat mit seiner Gerichtsaussage insofern Recht behalten, als dass das Königreich Israel ab 750 v. Chr. von den neuassyrischen Königen immer stärker unterjocht wurde. Samaria wurde 722 v. Chr. erobert und Israel dem neuassyrischen Reich einverleibt.

Während Amos eine reine Gerichtsbotschaft verkündigte, forderte über hundert Jahre später der Prophet Jeremia die Bewohnerschaft Judas und Jerusalems zur Umkehr auf (Jer 7,1–15;

26,4–6). In seiner Beschreibung unsozialer Zustände und fehlender Gerechtigkeit (Jer 5,1–2.25–31) führt Jeremia die Kritik seiner prophetischen Vorgänger fort (vgl. Jes 5,11–12; 10,1–3; Mi 2,1–2.8–9; 3,1–3.9–12). Damals wie heute führen der Hochmut und die Gier der einflussreichen Kreise einerseits und die Trägheit und Unwahrhaftigkeit weiter Teile der Gesellschaft andererseits zu ungleichen Lebensverhältnissen, zur Ausbeutung der Schwachen und zur Abschottung von allen Fremden. Solche strukturellen Ungleichheiten und die Vernachlässigung des Rechts sind dem Leben abträglich und spiegeln die Gottesferne einer Gemeinschaft.

4.3 Buße und Vergebung nach Psalm 130

Psalm 130 gehört zu den sieben altkirchlichen Bußpsalmen (Ps 6; 32; 38; 51; 102; 130; 143) und trägt in der Lutherbibel die Überschrift „Aus tiefer Not". Im Mittelalter wurde er mittwochs in der Fastenzeit und zum Abschluss der Beerdigungsliturgie gebetet und war fester Bestandteil der Messliturgie. In der Übersetzung Martin Luthers (Revision 2017) lautet der Text:

>1 *Ein Wallfahrtslied.*
>**Aus der Tiefe rufe ich, HERR, zu dir./**
>2 Herr, höre meine Stimme!
>>Lass deine Ohren merken auf die Stimme meines Flehens!
>
>3 Wenn du, HERR, Sünden anrechnen willst –
>>Herr, wer wird bestehen?
>
>4 Denn bei dir ist die Vergebung,
>>dass man dich fürchte.
>
>5 Ich harre des HERRN, meine Seele harret,
>>und ich hoffe auf sein Wort.

6 Meine Seele wartet auf den Herrn
   mehr als die Wächter auf den Morgen;
   mehr als die Wächter auf den Morgen
7 hoffe Israel auf den HERRN!
   Denn bei dem HERRN ist die Gnade
   und viel Erlösung bei ihm.
8 Und er wird Israel erlösen
   aus allen seinen Sünden.

In diesem Bittgebet einer einzelnen Person ist die Verzweiflung über die Konsequenzen verfehlten Handelns mit Händen zu greifen, aber auch die Hoffnung auf einen gnädigen Gott, der Sünden nicht anrechnet und Menschen aus der Schuldverstrickung herauslöst. Das individuelle Gebet der ersten Verse wird in den letzten beiden Versen auf das Gottesvolk Israel erweitert und so beispielgebend für die Hoffnung der Gemeinschaft auf Gottes zukünftiges erlösendes Handeln.

Beter oder Beterin rufen Gott „aus der Tiefe" um Hilfe, die eine Welt des Todes mitten im Leben symbolisiert, eine Situation völliger Verlassenheit, der unentrinnbaren Bedrohung und Verstrickung, fern von der menschlichen Gemeinschaft und fern von Gott. Das Gebet ist offen für verschiedene Erfahrungen der existentiellen Not. Im Mitbeten soll die je eigene Bedrängnis mitgedacht werden, aber der oder die Einzelne weiß sich – das macht die parallele Formulierung in den Versen 6 und 7 sichtbar – aus seiner und ihrer Not in die Hoffnung der Gemeinde hineingeführt.

Aus der Todesnot heraus rufen Beterin und Beter flehentlich zu Gott und bitten ihn, ihren Hilfeschrei zu hören und mit ihnen in Kontakt zu bleiben. Was sie von Gott trennt, wird in Vers 3 mit dem Wort „Verfehlungen" ausgedrückt; Luther hat es mit „Sünden" übersetzt. Das hebräische Wort meint sowohl böse Taten und deren unheilvolle Folgen als auch die Schuld, die daraus entsteht und die letztlich – so die Vorstellung der alttestamentlichen Weisheit – auf den Täter bzw. die Täterin zurückfällt und ihn oder sie so in einen unentrinnbaren Zusammenhang von Tun und Ergehen führt. Die rhetorische Frage in Vers 3 erwartet die Antwort „niemand": Würde Gott diese Verfehlungen aufbewahren, summieren und als gerechter Richter abwägen, so müsste er die Beterin oder den Beter verurteilen. Damit betont der Psalm, dass kein Mensch vor Gott ohne Sünde und Schuld ist. Ja, die Bedrängnis und Not, in der sich Beterin und Beter befinden, ist geradezu Ausdruck der Gottesferne. Die Macht der Sünde ist hier konkret umrissen als eine lebensabträgliche Kraft, die das sich Gott und Menschen gegenüber verfehlende Tun hervorbringt und aus der es kein Entrinnen aus eigener Kraft geben kann.

Die Beterin oder der Beter wissen um ihre Schuldverstrickung und streiten sie nicht ab. Sie bitten Gott aber, zuzuhören und ihnen nahe zu sein. Sie gründen diese Bitte auf die Gewissheit, dass bei Gott Vergebung ist – und gestehen zugleich Gott das Recht zur Verurteilung zu: Gott kann die Sünde anrechnen. Damit wird Gott als Richter bestätigt und zugleich an seine Macht zur Vergebung erinnert.

Das mit „Vergebung" übersetzte Wort wird im Alten Testament nur für Gottes Handeln gebraucht, zum Beispiel im Bußgebet des judäischen Statthalters Nehemia: „Du bist ein Gott der Vergebungen, geduldig und barmherzig, langsam zum Zorn und voller Treue" (Neh 9,17). Das heißt: Gott, der mit vollem Recht verurteilen könnte, ist der Vergebende. Er verurteilt die sich verfehlenden Menschen gerade nicht nach dem Maß der Schuld, sondern ist ein geduldiger und barmherziger Richter, der nicht den Zorn, sondern Güte walten lässt und sich so selbst treu bleibt. Das Wort für Gottes Treue wird auch in Vers 7 des Psalms verwendet und von Luther – vielleicht bereits mit einem Seitenblick auf Römer 3 – mit „Gnade" übersetzt. Gott ist es, der sich dem in Schuld verstrickten und dem Tod verfallenen Menschen wieder zuwendet, der zornig sein könnte und doch den Bund bewahrt und das durch Sünde gestörte Verhältnis wieder erneuert, um den Menschen ein Leben in Gottesfurcht, die keine Angst ist, sondern Ehrfurcht, zu ermöglichen (Vers 4). Gottesfurcht wird als erleichtertes Erschaudern charakterisiert vor genau dem: Dass Gott zürnen könnte, ihm aber aus seiner Güte heraus die Vergebung und das Leben wichtiger sind.

Die Anerkennung der eigenen Schuld und die Gewissheit, dass Gott von sich aus das durch menschliche Sünde und Schuld gestörte Verhältnis erneuern kann und will, umschreibt eine Bewegung des Gewissens, die dem nahekommt, was heute „Buße" heißt. In ihrer existentiellen Not harren Beterin und Beter mit aller ihnen verbliebenen Lebenskraft auf Gott und warten auf ein rettendes Wort (Vers 5). Was Luther mit „Seele" übersetzt, ist im Hebräischen ein Begriff, der das Verlangen nach Leben, das vitale Selbst umschreibt.

Beterin und Beter, die sich in einer Situation der Dunkelheit und Angst befinden, erwarten Gottes Hilfe, die sein Wesen als treuer und rettender Gott ans Licht bringt. Das Wort für Gottes „Erlösung" (Vers 7) stammt aus dem Recht und meint ursprünglich den Freikauf von Sklaven (2. Mose 21,8) oder eines zum Tode Verurteilten (2. Mose 21,28–30; 1. Sam 14,45). Wie Gott das Volk Israel aus Ägypten freigekauft hat (5. Mose 7,7–8), so kann er jede einzelne Person aus Schuldverstrickung lösen, aus der Macht der Sünde befreien. Deshalb fordert der Psalmbeter Israel auf, auch in Zukunft auf Gottes Erlösung aus der Schuld zu hoffen.

Diese Hoffnung verbindet Mt 1,21 mit dem Jesusnamen: „denn er wird sein Volk retten von ihren Sünden." Auch Martin Luther hielt Psalm 130 für einen der kostbarsten und wichtigsten Psalmen, weil er darin eine Nähe zur Rechtfertigungsbotschaft des Römerbriefes erkannte, obwohl der Psalm nicht von Jesus Christus spricht und auch das Wirken der Gnade Gottes nicht an eine Mittlerschaft gebunden ist. Gott gewährt den Freispruch der sündigen Menschen allein durch seine Güte und seinen Willen zur Vergebung. Er schenkt den Menschen den Glauben, aus dem heraus sie auf Gottes Gnade hoffen können.

Für Paulus ist das Entscheidende des Christusereignisses, dass es diesen Zusammenhang offenbart. Die im Psalm ausgesprochene Gewissheit von Gottes vergebendem Handeln in Treue zu seinem Bund mit Israel und seinen Verheißungen gilt damit auch für Christinnen und Christen. Luthers Nachdichtung des Psalms im Gemeindelied „Aus tiefer Not" (EG 299) bringt diese Botschaft in den Strophen 2 und 3 anschaulich zum Ausdruck:

> 2. Bei dir gilt nichts denn Gnad und Gunst, die Sünde zu vergeben.
> Es ist doch unser Tun umsonst auch in dem besten Leben.
> Vor dir niemand sich rühmen kann, des muß dich fürchten jedermann
> und deiner Gnaden leben.

> 3. Darum auf Gott will hoffen ich, auf mein Verdienst nicht bauen;
> auf ihn mein Herz soll lassen sich und seiner Güte trauen,
> die mir zusagt sein wertes Wort; das ist mein Trost und treuer Hort,
> des will ich allzeit harren.

In diesem Lied muss Luther Jesus Christus nicht erwähnen – so unmittelbar sieht er das Verhältnis der Betenden mit Gott, die Anteil haben an der Güte des „guten Hirten, der Israel erlösen wird aus allen seinen Sünden" (Evangelisches Gesangbuch 299, Strophe 5).

4.4 Römer 7 und das Scheitern am Guten

Paulus schreibt: „Denn ich weiß, dass in mir, das heißt in meinem Fleisch, nichts Gutes wohnt. Wollen habe ich wohl, aber das Gute vollbringen kann ich nicht. Denn das Gute, das ich will, das tue ich nicht; sondern das Böse, das ich nicht will, das tue ich. Wenn ich aber tue, was ich nicht will, vollbringe nicht mehr ich es, sondern die Sünde, die in mir wohnt." (Röm 7,18–20).

Fast will es so scheinen, als wären die Ausführungen zur Situation des noch nicht durch den Geist Gottes befreiten Menschen in Röm 7,7–25 ein Rückfall hinter alles bisher schon positiv Erreichte. Hat Paulus doch bereits in Röm 3,21–4,25 ausgeführt, dass jeder Mensch im Glauben an Jesus Christus geschenkweise Vergebung seiner Sünden erhalten kann und von Gott trotz seiner Schuld begnadigt und freigesprochen wird. In Röm 5,1–8,39 entfaltet er dann das neue Leben der durch Christus Versöhnten. Sie leben schon hier und jetzt trotz aller Schwierigkeiten im Frieden mit Gott, in der Gewissheit seiner unbedingten Liebe und in der Zuversicht ihrer endgültigen Erlösung von allen Leiden (5,1–11; 8,18–39).

Doch inmitten dieser hymnisch klingenden Beschreibung kommt Paulus in Röm 7 noch einmal auf die Situation des Gott entfremdeten Menschen zurück – als wollte er den Kontrast von Einst und Jetzt, von Ichverlorenheit und Beziehungsreichtum noch verstärken.

Erstmals hat er von dem Problem der alle Menschen betreffenden Sünde und Schuld in Röm 1,18–3,20 gesprochen. Nicht nur sprichwörtlich „Gottlose" und „Ungerechte" – d.h. „Heiden" (1,18–32) –, sondern auch Juden seien auf Gottes Begnadigung und Vergebung durch Christus angewiesen (3,9.20.23–24). Dabei versteht Paulus diese universale Anklage nicht primär moralisch. Für ihn ist grundlegend, dass der von Gott erschaffene Mensch im Blick auf seinen Schöpfer dankbar, anerkennend und wertschätzend leben soll (1,19–23). Die Verfehlung dieser Bestimmung zur Gemeinschaft und die Abwendung des Menschen von Gott deutet Paulus als die eigentliche „Sünde", die sich dann in vielfältigen „Sünden" auch im Handeln äußert (1,24–32). Bei dieser Konzentration auf den personalen Aspekt und auf die Dimension der Beziehung zielt der Sündenbegriff nicht nur auf menschliches Verhalten und Versagen, sondern auf das menschliche Verhältnis bzw. Nichtverhältnis zu Gott.

Neben dem Aspekt der Sünde als Schuld kommt in Röm 5,12–21 die Konsequenz der Sünde als Schaden in den Blick (5,12). Da Gott als Schöpfer der Ursprung allen Lebens ist, beraubt der Mensch sich durch die Loslösung von Gott seiner eigenen Lebensgrundlage. Das gilt zunächst in dem Sinne, dass jedes menschliche Leben seit Adam mit dem Sterben endet, aber auch so, dass der Mensch in seiner Beziehung zu Gott schon im Leben „tot" ist. In diesem Zustand der Entfremdung vom Leben würde er von sich aus bis zu seinem endgültigen Tod verharren (5,15–19; 6,23).

Auch Röm 7,7–13 ist durch die Ausgangssituation des Menschen nach 1. Mose 2–3 bestimmt. Im Zweifel und Begehren entgegen der guten Weisung Gottes hat Adam nicht die Unsterblichkeit, sondern den Verlust seines ihm ursprünglich zugedachten Lebens bewirkt (7,11). Von wem spricht Paulus hier? Wer ist das Subjekt dieser Äußerungen des Scheiterns? Wer ist das „Ich", das sich als „elender Mensch" und „unter die Sünde verkauft" erfährt? Ist es der Apostel selbst oder gebraucht er das „Ich" rhetorisch im Blick auf den Menschen allgemein? Redet er von dem unerlösten Sünder, oder meint er gerade den sich ernsthaft um das Gute und den Willen Gottes bemühenden Gläubigen? Um eine lange Debatte kurz zu fassen: Vom Zusammenhang her (7,1 ff. wie 8,1 ff.) ergibt sich, dass Paulus hier von dem durch Adam – nicht durch Christus – bestimmten Menschen redet. Er spricht von der Situation des Menschen ohne Christus, wie sie aus der Perspektive des Glaubens rückblickend erscheint.

Wie sehr die Sünde nicht nur *Schuld* und *Schaden* bewirkt, sondern selbst zum bestimmenden *Schicksal* werden kann, wird gerade in der Begegnung mit dem Guten und in der Auseinandersetzung mit dem von Gott zum Leben gegebenen Gebot schmerzhaft deutlich. Beschreiben doch das im Paradies gegebene Gebot wie das durch Mose gegebene Gesetz das lebensfördernde und beziehungsstärkende Verhalten klar. Sie warnen unmissverständlich vor den Gefahren des Aufbegehrens gegen Gottes „heilige, gerechte und gute" Weisung (1. Mose 2,16–17; 2. Mose 20,1–17).

Aber aus unerfindlichen Gründen und ohne die Verantwortung dafür dem Gebot zuschieben zu können, lässt sich der Mensch im Wissen um das Gute vom Bösen durch Lüge verführen und betrügen (Röm 7,11; 1. Mose 3,13). So sucht er in der Trennung von Gott, was er als Geschöpf nur in der Beziehung zu seinem Schöpfer gewinnen könnte. In der Begegnung mit dem Guten und angesichts der offenbaren Wahrheit erscheint das verhängnisvolle Wesen der Sünde umso deutlicher (Röm 7,7.13). Die Sünde des Menschen entlarvt sich als *Schuld* und als *Schaden*, die ihm selbst zum unausweichlichen *Schicksal* werden.

Immer tiefer dringt das klagende „Ich" von Röm 7,14–25 in das Rätsel seiner erlösungsbedürftigen Situation ein. Der Beklagenswerte ist es selbst, der sich nicht von Gottes Willen, sondern von seinen selbstbezogenen Interessen – das heißt von seinem „Fleisch" – leiten lässt. Wenn aber das Geschöpf zum eigenen Schaden gegen die gute Weisung seines Schöpfers handelt und sogar dann scheitert, wenn es das Gute kennt und verwirklichen will, dann wird daran offenbar, dass es in Wahrheit weder selbstbestimmt noch frei handelt. In seinem Widerspruch zwischen Bestimmung und Einsicht einerseits und Tun des Bösen und Scheitern am Guten andererseits erweist es sich als versklavt und an die Macht der eigenen Sünde „verkauft". Gleich einem Sklaven kann das „Ich" nicht tun, was es will, und muss tun, was es nicht will. Der Mensch findet sich so in Unmündigkeit und Fremdbestimmung wieder und erfährt sich zu seinem Entsetzen als von der Sünde, die in ihm wohnt, beherrscht.

Das „Ich" entdeckt somit in sich ein „anderes Gesetz" (7,21.23) als „bestimmende Weisung", die es „gefangen nimmt" und dem als gut Erkannten „widerstreitet". Dieses „andere Gesetz" umschreibt Paulus im Blick auf 1. Mose 3,6 und 2. Mose 20,17 als „sündige Leidenschaften" (Röm 7,5), als „Begierden jeder Art" (7,8) und als das menschliche Prinzip des „Fleisches" (7,25; 8,1–13). Wie einst Adam und Eva der Weisung der Schlange

(1. Mose 3,1–5; Röm 7,8.11) muss das „Ich" aufgrund dieses Begehrens dem „Gesetz der Sünde und des Todes" (7,23; 8,2) bis zur eigenen Selbstzerstörung folgen.

So könnte die Situation dieses „elenden Menschen" (7,24) nicht verzweifelter sein: 1. sündigt er faktisch, 2. wird er von der Sünde bewohnt, die in ihm handelt, und 3. erliegt er der Macht der Sünde – selbst im Wissen um Gottes Willen und trotz seiner Bestimmung zum Guten – mit gesetzmäßiger Zwangsläufigkeit folgen.

Paulus lässt jedoch im Rahmenteil 7,4–6 wie 8,1ff. keinen Zweifel daran, dass sich mit dem Glauben und der Taufe auf den Namen Jesu Christi auch für das klagende „Ich" ein Herrschaftswechsel vollzogen und ein neues Leben begonnen hat. In der neuen Zugehörigkeit zu Christus als dem von den Toten Auferstandenen dürfen auch die an ihn Glaubenden sich befreit entfalten (6,4.8.11.13; 7,4.6; 8,2). „In Christus" – d.h. aufgrund seiner Stellvertretung und in Gemeinschaft mit ihm – sind sie von der Dominanz der lebenszerstörenden Sünde erlöst. Frei und lebendig ist der Glaubende also nicht als autonomes Selbst, als unabhängiges „Ich", sondern indem der auferstandene Christus durch seinen lebendig machenden Geist „in ihm lebt" (Röm 8,2.9–11).

Diese neue Wirklichkeit der *Beziehung* wird aber gerade nicht als Einschränkung und Grenze der Freiheit erfahren, sondern vielmehr als deren Entfaltungsbereich. Die Gemeinschaft bildet nicht den Gegensatz zur Freiheit, sondern die Grundlage ihrer Verwirklichung. Denn die Freiheit von der Isolation und Sünde besteht nach Paulus nicht an sich, sondern in der Freiheit für Gott. „Freiheit *von*" verwirklicht sich als „Freiheit *für*". Die Erlösung wird nicht nur durch ihr „Wovon", sondern mehr noch durch ihr „Wozu" qualifiziert. So findet das verzweifelte „Ich" von Römer 7 im „Du" zu sich selbst. Es muss nicht länger in Unabhängigkeit von Gott suchen, was es nur bei Gott finden kann, und in der Verbindung zur Sünde finden, was es gar nicht gesucht hat. Das erlöste „Ich" kann seine eigene Freiheit gerade im „Wir" der wechselseitigen Wahrnehmung und Wertschätzung dankbar entfalten (7,25; 8,1 ff.).

Wir mögen als Glaubende – in vom Apostel gar nicht intendierter Aktualität – unsere gegenwärtige Zerrissenheit und Widersprüchlichkeit erschreckend zutreffend beschrieben sehen. Dann sähen wir im Spiegel einen erlösten Sklaven, der sich von seinem alten Herrn aus Gewohnheit und lähmender Bindung immer noch tyrannisieren lässt, obwohl er doch nach Sein, Gesinnung und Verhalten schon längst in einem neuen Leben der befreienden Gemeinschaft leben könnte (7,4–6; 8,1–16).

4.5 Die Sünde des geistlichen Hochmuts: Pharisäer und Zöllner (Lk 18,9–24)

„Hochmut kommt vor dem Fall!" (Spr 16,18) – Sprichworte, Vergleiche und Gleichnisse werden eigentlich eingeführt, um einen abstrakten Zusammenhang verständlich zu machen und eine Konsequenz zu veranschaulichen. Allerdings mögen sie bei zu großer Vertrautheit gelegentlich auch zu einer vorschnellen Einordnung und Erledigung verleiten. Dies gilt gewiss für das bekannte Gleichnis vom Pharisäer und Zöllner, dessen enorme Provokation und tiefe Verunsicherung durch das verbreitete Vorverständnis kaum noch wahrgenommen wird.

Wie ein roter Faden zieht sich durch das Lukasevangelium die Verteidigung der Zuwendung Jesu zu Menschen, die aufgrund ihres Berufes und ihrer Lebensführung in den Augen ihrer religiösen Umwelt als erklärte „Sünder" galten. Diese wertschätzende Begegnung und Tischgemeinschaft mit Menschen, die den Erwartungen und Normen anderer nicht entsprachen, wirkten auf die Umgebung Jesu besonders anstößig. „Dieser nimmt die Sünder an und isst mit ihnen!" (Lk 15,2), lautet der Vorwurf, dem Jesus mit gewinnenden und entlarvenden Gleichnissen begegnet.

Der Evangelist qualifiziert die durch Jesu Gleichnis Angesprochenen in Lk 18,9 in doppelter Weise: Sie „vertrauten auf sich selbst, dass sie gerecht sind", und „sie verachteten die anderen". Obwohl Lukas die Bezeichnung „Gerechte" durchaus auch positiv gebraucht (Lk 1,6; 2,25; 23,47.50; Apg 10,22), verwendet er hier den Begriff für die vermeintlich Gerechten (vgl. Lk 16,15; 20,20). Wenn sie es wären, dann würden sie sich mit Gott über die Umkehr der Verlorenen und die Einbeziehung der Sünder in die Gottesgemeinschaft freuen und nicht Anstoß daran nehmen. Mit der doppelten Charakterisierung in 18,9 ruft Lukas den inneren Zusammenhang von Ausgrenzung anderer Menschen und Entlarvung einer eigenen, nicht an Gott orientierten Gerechtigkeit ins Bewusstsein. Er bezieht die Aussage hier nicht speziell auf die Pharisäer, weil es ihm im übertragenen Sinn auch um die späteren innergemeindlichen Gegner geht, die Jesu Annehmen der Sünder kritisch betrachten.

Mit der Charakterisierung als Pharisäer und Zöllner wird für die Hörerinnen und Hörer des Gleichnisses bereits ein deutlicher Gegensatz markiert; beide erscheinen als Repräsentanten: für sprichwörtlich „Gerechte" und für typische „Sünder". Beide gehen zum Gebet in den Jerusalemer Tempel hinauf (vgl. 18,14). Da beide im Folgenden als *vor Gott* stehend beschrieben werden, wird das duale Schema schon im Gleichnis selbst aufgebrochen, ohne dass eine dritte Person als an Gottes Stelle handelnd und urteilend eingeführt zu werden braucht. Die Antwort Gottes wird dann in Vers 14a außerhalb der Gleichniserzählung selbst durch Jesus als autoritatives Urteil formuliert: „Ich sage euch...".

Die Darstellung des Pharisäers ist im Gleichnis selbst keinesfalls als Karikatur gedacht. Ob man formuliert: „der Pharisäer stand *für sich*..." oder: „der Pharisäer... betete *bei sich*" (18,11) – in beiden Fällen enthält die Formulierung nichts Wertendes oder Abfälliges. Beide Gebete beginnen mit der gleichen Anrede „Gott". Die Gebetseröffnung des Pharisäers mit einem Dank ist üblich und angemessen. Was zur Abweisung in Vers 14a führt, muss also im folgenden Gebet enthalten sein, weshalb es ausführlich im Wortlaut zitiert wird. Er dankt Gott, dass er sich von Übertretungen ferngehalten und nicht gefehlt hat, dass er also ein Gerechter ist. Er benennt zwei Ausdrucksformen seiner Frömmigkeit, die über das im Gesetz Geforderte noch hinausgehen: das freiwillige regelmäßige Fasten und das Verzehnten seiner Einnahmen für wohltätige Zwecke (Vers 12). Beides kann, für sich genommen, kaum als anstößig gelten. Selbst seine Abgrenzung von „den anderen Leuten" (Vers 11; vgl. Vers 9), d. h. den Gruppen, die für den Pharisäer sprichwörtliche „Sünder" sind, ist für pharisäische Hörerinnen und Hörer weder verdächtig noch anstößig.

Als ungewöhnlich erscheint vielmehr das Verhalten des Zöllners! Von einem typischen Sünder erwartet man nicht, dass er die Gegenwart Gottes sucht. Dass der Zöllner „von ferne" stand, ist

Ausdruck der Scheu. Jedenfalls wird er nach Vers 11 als im Blickfeld des Pharisäers – und somit nicht im Vorhof der Heiden – stehend beschrieben. Auch die zweite Bestimmung spricht von der Ehrfurcht und Demut des Zöllners: „Er wagte nicht einmal, seine Augen zum Himmel [d.h. zu Gott] emporzuheben" (18,13). Schließlich schlägt er sich wiederholt als Ausdruck seiner Verzweiflung und Reue an die Brust: „Gott, sei mir Sünder gnädig!"

Erbärmlich ist seine Lage, weil er sich vor Gott als den erkennt, der er in Wahrheit ist – und nicht nur, weil die geforderte Wiedergutmachung seines betrügerischen Verhaltens als Zöllner schwierig wäre. Der Sinn der ausführlichen Darstellung ist deutlich: Kein Hörer des Gleichnisses soll die Ernsthaftigkeit und tiefe Betroffenheit des Zöllners in Frage stellen können, um sich so dem Schluss von Vers 14 zu entziehen.

Das folgende Urteil Jesu ist keine naheliegende Schlussfolgerung aus dem Erzählten, sondern mit autoritativem „ich sage euch" eingeleitet: „Dieser ging (von Gott) gerechtfertigt hinab in sein Haus, nicht jener" (18,14). Am Zöllner hat Gott Wohlgefallen, sein Gebet erhört er und ihn spricht er frei – nicht den sprichwörtlich „Gerechten".

Das Gleichnis vom Pharisäer und Zöllner ist äußerst provozierend, weil es mit der überwältigenden Kraft des Evangeliums für die Perspektive Gottes wirbt: Es „pro-voziert" das Umdenken und die Einsicht derer, die durch Hochmut und Selbstgefälligkeit gefährdet sind. Nicht das Vermögen und Handeln des Pharisäers an sich und nicht sein Bemühen um Frömmigkeit und Gerechtigkeit begründen das entlarvende Urteil, sondern die Tatsache, dass er sich in Abgrenzung von anderen und von sich selbst her versteht. Damit aber beschränkt er – auch in seiner unbestrittenen Frömmigkeit – das Gottsein Gottes und verliert das unbedingte Angewiesensein des Geschöpfes auf die Barmherzigkeit seines Schöpfers aus den Augen.

Das Gleichnis Jesu spricht samt seiner Rahmung von dem Ernst des Hochmuts gegenüber dem Erbarmen und der Souveränität Gottes – und von dem Trost für alle, die sich von Gottes bedingungsloser Liebe und Zuwendung her verstehen. Bezugspunkt und Subjekt der Aussage ist Gott selbst, der in Jesus Christus seine Gerechtigkeit und Barmherzigkeit erschließt: Wer sich selbst in seiner Beziehungsbedürftigkeit und seinem Angewiesensein erkennt und sich nicht durch die Erniedrigung anderer profilieren will, der wird von Gott erhöht werden.

4.6 Vergib uns unsere Schuld, wie wir unseren Schuldnern vergeben (Mt 6,12)

Der aus der Lutherbibel wie aus anderen Übersetzungen vertraute Gebetstext lautet vom Urtext her wörtlich: „Und erlass uns unsere Schulden, wie auch wir erlassen haben unseren Schuldnern" (Luther hatte im 16. Jahrhundert noch eine andere Textgrundlage; die Vergangenheitsform im Nebensatz gilt von den ältesten Handschriften her als ursprüngliche Variante). Die wörtliche Übersetzung verdeutlicht, dass die fünfte Vaterunserbitte mit Begriffen aus der nicht gerade für Barmherzigkeit bekannten Welt des Finanzwesens arbeitet: mit dem Gläubiger-Schuldner-Verhältnis und Geldschulden, die (aus Einsicht in die prekäre Lage des Schuldners?) erlassen werden sollen. Die ausgesprochen knappen Formulierungen des gesamten Gebets konkretisieren nichts. Genau dadurch eröffnen sie Räume für je eigene Konkretisierungen.

Betrachtet man Mt 6,12 für sich und bleibt im Bild der Finanzwelt, dürfte es darum gehen, handlungsfähig zu bleiben und Gestaltungsspielräume zum Leben, Lieben und Arbeiten und damit Freiheit zurückzugewinnen. Wer eine derartige Bitte in einem asymmetrisch gewordenen Vertragsverhältnis formuliert, hat die eigene Situation bereits genau analysiert, weicht ihr nicht aus und kann in der Regel den Fehlbetrag genau beziffern. Er oder sie erkennt die persönliche Verantwortung für das nicht ordnungsgemäße Verhalten an, gesteht sich und dem Gläubiger die Zahlungsunfähigkeit und Vertragsverletzung ein und wagt nun etwas, weil es die letzte und einzige Möglichkeit bleibt, der Vertragsstrafe zu entgehen: Vertrauen auf Entgegenkommen.

Gewichtig ist der Nachsatz mit der in den Raum gestellten Zusicherung oder Behauptung (das bleibt offen): „wie wir erlassen haben unseren Schuldnern". Das Verhältnis des Nebensatzes zum Hauptsatz ist nicht eindeutig. Er kann als Verweis auf eine erfüllte Vorbedingung und Erwartung gelesen werden („weil auch wir…"), aber auch als Vergleich („wie auch wir…"). Im letztgenannten Fall gehört das Erlassen von Schulden zu den bekannten Möglichkeiten, vielleicht sogar Selbstverständlichkeiten, auch wenn man natürlich noch darum bitten muss. In beiden Fällen dürfte es helfen, das Gesicht bei der heiklen Bitte zu wahren – nicht im Sinne des Hinweises auf das eigene Finanzgebaren, das auch für den Vertragspartner zwingend zur Verpflichtung werden müsste, sondern im Sinne eines Ethos: das macht man doch so – und wir haben es auch gemacht. Das ist überraschend, denn der Schuldenerlass ist in der Welt der Banken und Gläubiger keineswegs die Regel, sondern die Ausnahme.

Spätestens hier scheint der metaphorische Charakter der Bitte auf. Die Begriffe aus der Welt der Banken stehen in Spannung zur Form des Gebets, zumal in ihm das Gegenüber als „Vater" angesprochen und damit eine ganz andere Art Beziehung als die von finanziellen Verbindlichkeiten aufgerufen wird. Es geht vom ganzen Gebet her um Vergebung alles dessen, was Gott und anderen gegenüber Schuld bedeutet, unab- und unausgeglichen ist und zur Zeit nicht oder sogar nie mehr zurückgegeben werden kann. Auch das pluralische „uns" bzw. „wir" ist offen und ausdeutbar: es kann um je individuelle wie auch kollektive Schuld gehen. Der Nachsatz „wie auch wir vergeben haben unseren Schuldnern" bietet in einem von Jesus selbst vorgegebenen Mustergebet („so sollt ihr beten", Mt 6,9) nun keinen mehr persönlich auch abgedeckten Verweis auf bereits geschehenes eigenes Vergeben, sondern zwingt die Bittenden in ihrer Notlage zur Reflexion des eigenen Verhaltens (Wann habe ich das getan? Habe ich das überhaupt getan?). Die im besten Fall bereits selbst gewährte Vergebung anderen gegenüber kann das Vertrauen auf Gottes Entgegenkommen nun auch im Sinne des Schlusses vom Kleineren auf den Größeren begründen: wenn schon ich, wenn schon wir, dann doch gewiss und erst recht du! Sollte der Verweis auf das eigene Handeln (noch) nicht abgedeckt sein, werden die Größe der Bitte und das mit ihr gewagte Vertrauen nur noch deutlicher. Auch im Horizont der letzten Beurteilung eines menschlichen Lebens vor Gott wird so immer wieder das gegenseitige menschliche Vergeben angemahnt.

Die Bitte ist damit von einem ganzen Spektrum von Hoffnungen auf Befreiung und von Varianten des Vertrauens getragen – um welche Art Schuld auch immer es geht. Das Bild aus der Finanzwelt deutet jedoch an: ohne vorheriges Bilanzieren geht es nicht. Und der Schuldenerlass ist auch nicht das Reguläre.

Er bedarf im Vorhinein einer ehrlichen Analyse der eigenen Situation, Anerkennung der eigenen Verantwortung und des Unvermögens, sich selbst von der Last zu befreien. Er bedarf der Reflexion eigenen Verhaltens gegenüber anderen und dann einer in großem Vertrauen und mit Hoffnung gewagten Bitte (die sich des Ausnahmecharakters ihres Ziels und der Größe des erbetenen Geschenks gelegentlich auch bewusst sein darf).

In der Sicht des Matthäus wird die immer wieder nötige Vergebungsbitte von Schuld getragen von der bereits geschehenen Sündenvergebung im Kreuzestod Jesu (Mt 26,28). Kann die am Kreuz geschehene Erlösung im Glauben angenommen werden, ist das Reich Gottes nahe gekommen. Auf diesem Hintergrund gehört der Nebensatz der fünften Bitte für den glaubenden Menschen nun tatsächlich zu seinem Ethos, dessen unvermeidliche Verletzungen im Alltag in einem Standardgebet immer wieder bewusst werden, während die Bitte im Hauptsatz vom Kreuzesgeschehen her auf begründete Hoffnung hin angelegt ist.

4.7 Zusammenfassende Beobachtungen

Die biblische Urgeschichte in 1. Mose 1–11 hat seit jeher eine herausragende Rolle bei der Deutung der Sünde gespielt. Auf der einen Seite steht das gute und vollkommene Werk der Schöpfung (1. Mose 1–2). Auf der anderen Seite wird das Anwachsen der Sünde geschildert: der Fall Adams und Evas, der Brudermord, das Gericht der Sintflut und schließlich das ehrgeizige Projekt eines gewaltigen Turmes, mit dessen Errichtung menschliche Selbstüberschätzung und kollektive Verblendung kulminieren (1. Mose 3–11). Die eigentliche Zäsur schien das in 1. Mose 3 geschilderte Geschehen zu bilden, das man als den „Sündenfall" Adams und Evas interpretierte. Durch ihn sei – so sah es die Tradition – das gute Werk der Schöpfung unter den Fluch der Sünde und des Todes geraten. Freilich hat Gott im Bund mit Noah sein Ja zu den Menschen und ihrer Welt erneuert, um die von Entfremdung gezeichnete Schöpfung unter seinen noch immer stärkeren Willen zu ihrer Erhaltung zu stellen. Die Entfremdung – so kann das Zeichen des Regenbogens (vgl. 1. Mose 9,13–14) bewusst machen – kann nie so groß sein, dass die Welt aufhören könnte, Gegenstand der Liebe Gottes zu sein.

In der Urgeschichte werden Grundsituationen des Sündigens geschildert. Es handelt sich nicht um den exklusiv *einen* Sündenfall, sondern um exemplarische „Fall"-Geschichten, in denen sich beispielhaft die Entfremdung des Menschen von Gott, vom Nächsten und von sich selbst spiegelt. Obwohl es auf den Leser und die Leserin so wirkt, geht es nicht um die Schilderung einer irgendwie prähistorischen Vergangenheit, sondern um die Gegenwart derer, die diese Geschichten erzählen, hören und lesen. Urgeschichte ist, wie Claus Westermann gezeigt hat, „Urgeschehen" im Sinne einer prototypischen Konstellation des Geschehens, hier der Konstellation des verkehrten Handelns und damit des Versagens. Hier kommt ein Grundzug des biblischen Redens von der Sünde und ihren Folgen zum Vorschein: die Aufmerksamkeit für die Vielfalt und Vielgestaltigkeit des menschlichen Versagens und der damit verbundenen Schuld. Ihr korrespondiert die Polyphonie, in der in der Bibel die menschliche Gemeinschaft und die Beziehung zu Gott zerstörende Schuld zum Thema wird. Das alles ist freilich in das Wissen eingebettet, dass Gott rettend und vergebend eingreifen und Menschen von der Last der Schuld befreien kann.

In der Geschichte Adams und Evas, Kains und Abels und dann der Erbauer des Turms von Babel kommen jeweils Grundzüge dessen zum Vorschein, was die Menschen zum Sündigen treibt. Ja, treibt: Die Menschen erscheinen als Getriebene. Ihre („Fall"-)Geschichten erzählen, wie man gleichsam in die Situation der Sünde „hineinfällt". Man fällt, obwohl man es nicht will. Diese Situation ist mit bestechender Genauigkeit von Paulus in Römer 7 erfasst und dargestellt worden: Man will das Rechte und tut doch das Schlechte. In der Perspektive von Römer 7 erscheint die Sünde als ein unwiderstehlicher Zwang, genau das tun zu müssen, was man eigentlich hasst.

Eben deshalb soll sich hier niemand seiner selbst sicher sein und erst recht nicht über den anderen überheben. Die Geschichte vom Pharisäer und Zöllner illustriert den „Fall" in die moralische Überheblichkeit. Vor Gott ist jeder Mensch auf Vergebung angewiesen, auch der, der sich recht erfolgreich um eine untadelige Lebensführung bemüht hat. Aber auch der Zöllner ist gefährdet. Auch wenn er gerechtfertigt aus der von Jesus erzählten Geschichte herauskommt, kann der „Fall" eintreten, dass er in seiner Freude am Erbarmen Gottes anfängt, den Pharisäer zu verachten, weil jener die Gnade Gottes unterschätzt. Damit könnte die Geschichte von beiden erzählt werden als die Geschichte des Verlustes des Respekts, den Menschen einander schuldig sind.

Sündengeschichten sind immer Verlustgeschichten; durch die Sünde geht Lebenswichtiges und dem Leben Dienliches verloren. Adam und Eva erleiden den Verlust des Paradieses, indem sie die ihnen von Gott zugedachte Geborgenheit verlieren. Mit der jähzornigen Tötung seines Bruders erleidet Kain den Verlust der geschwisterlichen Gemeinschaft. Die Turmbauer erleiden den Verlust der gemeinsamen Sprache. Die Predigt des Propheten Amos klagt den Verlust von Recht und Gerechtigkeit in der Gesellschaft und damit den Gottesverlust an. Die Gottesbeziehung ist zerstört und muss durch kultisches Gehabe ersetzt werden.

Dass Menschen, denen das bewusst wird, in tiefe Verzweiflung geraten und „aus tiefer Not" zu Gott schreien, zeigt sich besonders deutlich im 130. Psalm. Beter und Beterin rufen Gott „aus der Tiefe" um Hilfe. Sie erschrecken über ihre Gottesferne und spüren, dass sie ohne Gottes Eingreifen verloren sind. Nur Gott kann ihre Not wenden. Sie wissen um ihre Schuldverstrickung, aber sie wissen auch, dass Gott, der sie eigentlich verurteilen müsste, ihnen vergeben kann. Wenn die Not der Sünde erkannt und ausgesprochen wird, kann auch auf die Kraft der Vergebung gehofft werden, die Gott uns gewährt und die wir Menschen uns gegenseitig gewähren, wie das in der fünften Bitte des Vaterunser-Gebets zum Ausdruck kommt.

5. Orte der Erfahrung von Schuld und Vergebung

Im Zusammenleben der Menschen wird die Realität der Sünde dadurch fühlbar, dass Menschen aneinander schuldig werden und in dem, was sie getan oder unterlassen haben, auf Vergebung angewiesen sind. Wenn Schuld verleugnet und Vergebung verweigert wird, hat das Folgen für alle, sowohl für diejenigen, die unmittelbar in einen Schuldkonflikt verwickelt sind, als auch für diejenigen, die diese Konflikte als Dritte wahrnehmen, ihnen also in der Position mehr oder weniger engagierter Beobachter gegenübertreten.

Schuld entsteht dadurch, dass Menschen grundlegende sittliche und rechtliche Normen verletzen und so an anderen „schuldig werden". Es ist zwar nicht unerheblich, ob das wissentlich und willentlich oder fahrlässig und unwissentlich geschieht, gleichwohl müssen wir von Schuld reden. Ihr Ausmaß bemisst sich an den Folgen, die durch solche Verletzungen entstehen. Oft wird übersehen, dass man auch durch Nichtstun „schuldig werden" kann. Man unterlässt etwas, das man eigentlich tun müsste. So schuldet man dem Partner Respekt und Zuwendung, den Kindern Fürsorge oder dem Wohltäter Dank. Schuld entsteht hier dadurch, dass Respekt, Zuwendung, Fürsorge und Dank ausbleiben.

Von Schuld kann man reden, ohne gleich die Theologie zu bemühen, von Sünde, wenn wirklich *Sünde* gemeint ist, aber nicht. Im Unterschied zum Schuldbegriff ist „Sünde" eindeutig theologisch qualifiziert: ein Sachverhalt, der ohne den Gottesbezug des Menschen nicht angemessen begriffen werden kann und erst auf dem Hintergrund der Gott-Mensch-Beziehung richtig zu verstehen ist. Damit ist ein zweiter wichtiger Unterschied zum Schuldbegriff gegeben: Schuld kann ausschnittweise erfasst und nach Graden ihrer Schwere differenziert werden. Von einer analogen Taxierung der Sünde nach Schweregraden wird eine an Jesus und Paulus geschulte Theologie abraten.

Es sollte bereits deutlich geworden sein, dass Schuld und Sünde keine exotischen Phänomene sind. Ihr Sitz im Leben ist die durchschnittliche Alltagswelt (vgl. Kapitel 2, besonders 2.3 und 2.6). Es gibt keinen Lebensbereich, der nicht von Erfahrungen mit Schuld und Sünde berührt wird. Ihre Präsenz wird in den gewöhnlichen und außergewöhnlichen Konflikten des Zusammenlebens unmittelbar spürbar, ganz unabhängig davon, ob das erkannt wird. Das soll nachfolgend anhand von einigen, ganz unterschiedlich gelagerten Orten der Erfahrung von Schuld und Sünde verdeutlicht werden.

Die Betrachtung solcher Orte wird mit einigen unerlässlichen Hinweisen zur Bedeutung des Gewissens eröffnet (5.1). Die eigentliche „Ortsbegehung" beginnt mit einer Betrachtung des familialen Nahbereichs (5.2). Es liegt nahe, von dort aus Gemeinde und Kirche in den Blick zu nehmen, also den Ort, wo im Wissen um die eigene Vergebungsbedürftigkeit Schuld und Vergebung explizit werden (5.3). Dass Ausbildung und Beruf (5.4) bei der Betrachtung von Orten nicht fehlen können, dürfte unmittelbar einleuchten, handelt es sich doch um den Lebensbereich, der neben dem der Familie und der Partnerschaft den Alltag dominiert. Sodann wird mit der sexualisierten Gewalt ein besonders gravierendes Schuldfeld angesprochen (5.5). Mit Justiz und Rechtspflege (5.6), mit der Verpflichtung zur Aufarbeitung schuldbelasteter Vergangenheit und damit der Rede von Schuld im öffentlichen Raum (5.7) und schließlich mit einigen Gedanken zur Rolle der Medien (5.8) kommen drei weitere Erfahrungsorte zur Sprache, an denen die gesamtgesellschaftliche Relevanz des Thema erkennbar wird.

Die Zusammenstellung von Orten der Erfahrung von Schuld und Vergebung lässt sich ohne weiteres erweitern, ausdifferenzieren und verfeinern. In unserem Zusammenhang ist lediglich an charakteristischen Beispielen darzustellen, wie tief das Thema in die Lebenswelt der Menschen hineinreicht (zum Grundsätzlichen vgl. Kapitel 2).

5.1 Gewissen

Das Gewissen ist herkömmlich die innere Instanz, die das moralische Urteilen einer Person bestimmt – Ausdruck ihrer moralischen Urteilsfähigkeit und Freiheit. Im Gewissen drückt sich auch die Sorge des Menschen um die eigene Einheit und damit Identität aus. Gemäß dem eigenen Gewissen zu handeln ist immer auch das Streben, sich als Person mit den eigenen Überzeugungen im Handeln auszudrücken und darin mit sich identisch zu sein. Gegen das Gewissen zu handeln, wird daher als Gefährdung der eigenen Einheit und Integrität erlebt.

Wer schuldig geworden ist und dies nicht bagatellisiert oder verdrängt, wird die Erfahrung machen, dass das Gewissen an eigene Schuld erinnert. Dann kann das Gewissen den Weg zur Reue ebnen, zum Bekenntnis der Schuld, zur Bitte um Vergebung. So kann es zu einem Neuanfang und zu einer neuen Gemeinschaft mit denjenigen kommen, an denen er oder sie schuldig geworden ist.

Wenn individuelle Gewissensentscheidungen in den Konflikt mit dem kommen, was in einer Gemeinschaft gilt, oder wenn man vor Entscheidungsalternativen steht, von denen weder die eine noch die andere einfach als richtig gelten kann, kann man rasch in ein ethisches Dilemma geraten. Die ethische Abwägung führt hier zu der Erkenntnis, dass es die *eine*, in jeder Hinsicht richtige Entscheidung nicht gibt, weil jede Entscheidung mehr oder weniger fehlerbehaftet ist und am Ende auch noch die verantwortlichste Entscheidung auf Vergebung angewiesen sein wird. Jeder, der Verantwortung in seiner konkreten Lebenswelt übernimmt, kennt diese Erfahrung. Und wer an hervorgehobenen Positionen in der Politik, der Wirtschaft, der Wissenschaft, aber auch der Kirche Entscheidungen zu treffen hat, erlebt das immer wieder. Es kann dann schnell der Fall eintreten, dass aus der Furcht, das Falsche zu tun, gar nichts entschieden wird. Einen Ausweg bietet hier der seelsorgliche Rat, den Luther dem bei notwendigen Reformmaßnahmen zögerlichen und überforderten Melanchthon notiert hat: „Sündige tapfer, aber glaube und freue dich umso tapferer in Christus [*pecca fortiter, sed fortius fide et gaude in Christo*]" (Weimarer Ausgabe – Briefe 2, 372, 84 f.).

Das Gewissen ist kulturell geprägt und kein unfehlbarer Indikator für richtiges und falsches Handeln. Deshalb müssen die Impulse des Gewissens selbstkritisch reflektiert werden. Ein „schlechtes Gewissen" kann auch Folge von notorischer Beschämung und moralischer Selbstüberforderung sein. Davon sollen Menschen befreit werden. Hier kommt der vorgängigen Schuldvergebung durch Gott und der Rechtfertigung des Menschen allein aus Gnade besondere Bedeutung zu. Während das „schlechte Gewissen" für die Erfahrung steht, mit Gott, mit sich selbst und mit den Anderen nicht in Übereinstimmung zu sein, zeigt sich im „getrösteten Gewissen" das Vertrauen auf die befreiende, lebensverändernde Kraft der göttlichen Vergebung.

5.2 Freundschaft, Partnerschaft und Familie

Je näher uns Menschen stehen, desto leichter können wir durch sie verletzt werden. Die gewachsene Vertrautheit zwischen Menschen macht uns empfindlicher und empfänglicher für alle Störungen in unseren Beziehungen. Freundschaftliche, partnerschaftliche und familiäre Beziehungen sind intime Näheverhältnisse. Sie sind sowohl durch besonderes Vertrauen als auch durch ein hohes Maß an Verletzbarkeit charakterisiert. Insofern sind sie die ursprünglichen und alltäglichen Orte, an denen jede und jeder erfährt, wie schnell man schuldig wird und wie sehr solche Beziehungen auf Vergebung angewiesen sind. Hier wird auch deutlich, dass es unterschiedliche Grade schuldhaften Verhaltens und der Möglichkeiten von Vergebung gibt.

Zur Weisheit des menschlichen Zusammenlebens gehört die Kunst des Verzeihens, während Rechthaberei nicht selten das zerstört, was sie zu schützen vorgibt. So werden Eltern ihren Kindern zornige Äußerungen nachsehen und Kinder, wenn sie erwachsen geworden sind, den Eltern die erzieherischen Versäumnisse. Die Bereitschaft zum Verzeihen und Vergeben ist eine elementare Voraussetzung jeder Form von Partnerschaft. Im generationenübergreifenden Miteinander gehört die Bereitschaft zum Vergeben zu den wesentlichen Bedingungen gelingenden Zusammenlebens.

Durch die besondere Nähe können Partnerschaft und Familie aber auch zu den Orten werden, in denen Menschen schwerwiegende Gewalterfahrungen machen. Es ist bekannt, dass der weit überwiegende Teil von Gewalttaten gegenüber Frauen und Kindern, zumal von sexualisierter Gewalt, im familiären Umfeld stattfindet. Allzu oft tritt (vorschnelle) „Vergebung" an die Stelle von Aufdeckung der begangenen Schuld und von Widerstand gegen den Gewalttäter. So geschieht es, dass etwa Frauen, die Gewalt in Ehe oder Partnerschaft erfahren, diese still erdulden, gar Verständnis für den Täter aufbringen und aus fehlgeleitetem Liebe- und Treueversprechen heraus den Schritt zur Konfrontation und zum Widerstand (gegebenenfalls mit Unterstützung Dritter) nicht gehen. Ebenso wurde und wird Gewalt, gerade auch sexualisierte Gewalt gegenüber Kindern in Familien verdrängt, verharmlost und vertuscht. Aber so versagt man den Opfern den notwendigen Schutz und deckt das Unrecht nicht auf (siehe unten 5.5).

5.3 Gemeinde und Kirche

Kirchen und Gemeinden können Räume der konstruktiven und hilfreichen Auseinandersetzung mit Erfahrungen von Schuld und Vergebung sein. Hier wird die von Gott in Christi Kreuz und Auferstehung aufgerichtete Versöhnung bezeugt und – hoffentlich – gelebt. Die Versöhnung zwischen Gott und Mensch ist Grund und Maß aller Versöhnungsgeschichten. Sie öffnet den Blick auf schuldhafte Zusammenhänge und befreit zur Bitte um Vergebung in der gemeinschaftlichen Situation des Gottesdienstes und in der individuellen Situation des seelsorglichen Gesprächs.

Im geschützten Raum der Seelsorge können Schulderfahrungen zur Sprache kommen, weil sie im Licht der vorgängigen Vergebung steht. Gelingende Seelsorge bietet einen geschützten Rahmen der Reflexion von Erfahrungen von Schuld und Scham, aber auch von Erfahrungen der Demütigung und Beschämung.

Die Einzelbeichte als Ritual der Seelsorge ist in den vergangenen Jahren auch im protestantischen Bereich zunehmend wiederentdeckt worden. Ihre besondere Chance besteht darin, Menschen zu helfen, die sie belastende und oft schwerwiegende Schuld vor Gott zu bringen. Die spezifische Stärke der Beichte besteht darin, dass sie einen Weg der Schuldanerkennung, einschließlich der Frage nach Wiedergutmachung, öffnet und der Last konkreter Schuld so Rechnung trägt, dass sie vor Gott benannt und bekannt – und so dann auch vergeben werden kann.

Im gottesdienstlichen Handeln der Kirche kommt der Zusage von Vergebung besondere Bedeutung zu. Im liturgischen Rahmen entstehen Räume für das Bekenntnis von Schuld, aber auch für die Klage über erlittene Schuld. Beidem ist angemessen Beachtung zu schenken.

Spezielle Schuldkonflikte und Schulderfahrungen können in spezifischen Gottesdiensten ihren Platz haben. Zu nennen sind hier Gottesdienste mit der Möglichkeit der Einzelsegnung, aber auch Gottesdienste für Menschen in Trennungssituationen.

5.4 Ausbildung und Beruf

Die Reformation ist von Anbeginn als Bewegung aufgetreten, die großen Wert auf die Bildung der Menschen legt. Zudem gilt der innerweltliche Beruf als derjenige Ort, an dem Christinnen und Christen das göttliche Gebot der Nächstenliebe umsetzen und ihren Beitrag zur allgemeinen Wohlfahrt und zum sozialen Frieden leisten. Bis in die Gegenwart hinein wird der christliche Glaube als Bildungsgeschehen beschrieben.

Auf der Kehrseite dieser ethischen Betonung von Bildung und Beruf zeigt sich aber, dass diese Sphären besonders offen sind für Abwege, Verletzungen und Missbrauch. Zum Beispiel verleiten Asymmetrien im Ausbildungsverhältnis (Lehrende versus Lernende, Ausbildende versus Auszubildende) und Hierarchien im Berufsleben zu Machtmissbrauch, unangemessenem Sprachgebrauch und unkritischer Unterwürfigkeit. Der Wettbewerb um Arbeitsplätze und Aufstiegschancen sowie die ständig steigenden Anforderungen im Berufsleben verleiten dazu, dass die Anderen weniger als Kolleginnen und Kollegen denn als Konkurrenten wahrgenommen und kritisch beäugt werden. Der großen Versuchung, Mitarbeiterinnen oder Kollegen durch unfaire Mittel zu benachteiligen oder auszuschalten, wird oftmals nachgegeben. Die neuen sozialen Medien, die für viele Menschen neue berufliche Perspektiven und Kommunikationsmöglichkeiten eröffnen und die Arbeit erleichtern, steigern zugleich die Möglichkeiten zum Mobbing, zum Bloßstellen von Anderen in der Öffentlichkeit. Hier tut sich ein Spektrum auf, das von der Beschämung bis zur Erpressung reicht.

Ausbildung und Berufstätigkeit sind beides: Orte zur sittlichen Bewährung des Glaubens und Orte von gesteigerter Schulderfahrung. Auf Grund der hier sichtbaren, engen Verbindung von Glaube und Werken sind diese Schulderfahrungen auch sündentheologisch bedeutsam, denn es zeigt sich hier einmal mehr der Verstrickungszusammenhang, in dem sich die menschliche Freiheit vorfindet und aus dem sie sich von allein nicht lösen kann. Christeninnen und Christen deuten ihn als Widerspruch gegen Gott und zugleich als Selbstwiderspruch, der das Handeln prägt. Das bedeutet, dass die Menschen auch in den Sphären von Ausbildung und Beruf auf Vergebung angewiesen sind. Neben der Aufklärung von Versagen, der Benennung von Verantwortlichkeiten und Schuld sowie dem Aufstellen transparenter Regeln zur Vermeidung künftiger Eskalationen sehen Christinnen und Christen im vergebenden, befreienden und lösenden Evangelium die eigentliche Grundlage und Chance für eine Klärung von Konflikten und für Neuanfänge in Ausbildung und Beruf.

5.5 Sexualisierte Gewalt

Spätestens 2010 ist deutlich geworden: Auch in der evangelischen Kirche wurde Menschen sexualisierte Gewalt angetan. Obwohl dieses komplexe Thema hier nur schlaglichtartig aufgenommen werden kann, muss und will es unbedingt angesprochen werden. Die Berichte von Betroffenen – von Frauen, Männern, Jugendlichen, Kindern und Angehörigen – sind überaus verstörend. Das mitten in der evangelischen Kirche angerichtete Unheil macht es unumgänglich, die Tabuisierung sexualisierter Gewalt zu durchbrechen und die Erfahrungen der Betroffenen anzusehen, anzuhören und anzuerkennen. Auch ist damit zu rechnen, dass unter denjenigen, die sich in den Gottesdiensten, im Schulunterricht, in den Jugendgruppen versammeln, Menschen sind, die sexualisierte Gewalt im sozialen Nahbereich (Familie, Sportverein, Schule, Kirchengemeinde) erlitten haben.[7] Der Missbrauch von Macht und Vertrauen in Näheverhältnissen in Seelsorge und Jugendarbeit belastet das Leben von Betroffenen und ihrer Angehörigen über eine lange Zeit, oft lebenslang. Scham, Sprach- und Machtlosigkeit gegenüber dem Geschehen machen es für Betroffene oft schwer, mitunter unmöglich, ihre Geschichte zu erzählen. Bagatellisierende Sprache im öffentlichen und kirchlichen Diskurs tragen zu dieser Sprachlosigkeit bei, ebenso aber auch der vielleicht bis heute wirkende Druck seitens der Täterinnen und Täter und die Angst davor, aus der Gemeinschaft ausgeschlossen zu werden.

Hier hat die Kirche versagt. Statt sich mit Wort und Tat an die Seite der Schutzlosen und Abhängigen zu stellen und der Gewalt zu wehren, ist sie lange Jahre stumm und untätig geblieben. So ist sie nicht nur an den Betroffenen, sondern auch an ihrem Auftrag und an Gott schuldig geworden. Gerade als christliche Kirche soll sie einen Raum der Nähe und des Vertrauens bieten, in dem Menschen sich als geborgen erfahren. Umso verwerflicher ist es, wenn diese Erwartung von Vertreterinnen und Vertretern der Kirche zur Ausübung sexualisierter Gewalt ausgenutzt wird. Wo Vertrauen nachhaltig zerstört wird, zeigt Sünde ihre charakteristische Eigenart. In den Gewalt- und Machtstrukturen, die in diese Verhältnisse und das Miteinander eingeschrieben sind, zeigt sie sich wie in einem Vergrößerungsglas. In diesem Kontext von Sünde zu reden, ändert nichts an der Verantwortung und Schuld der Täterin-

---

7 Dunkelfeldforschungen der vergangenen Jahre gehen davon aus, dass jede/r Siebte bis Achte in Deutschland sexuelle Gewalt in Kindheit und Jugend erlebt hat. Vgl. zu den aktuellen Zahlen die Website des Unabhängigen Beauftragten für Fragen des sexuellen Kindesmissbrauchs der Bundesregierung (http://www.beauftragter-missbrauch.de/). Zur Aufarbeitung und den Maßnahmen im Rahmen der EKD vgl. https://www.ekd.de/missbrauch-23975.htm.

nen und Täter. Aber auch die Schuld der kirchlichen Institution muss beachtet werden. Die Täter und Täterinnen handelten eben nicht nur als Einzelne, die zufällig bei der Kirche arbeiten. Oft ermöglichte erst der kirchliche Kontext die sexualisierte Gewalt an Konfirmandinnen und Mitgliedern von Jugendgruppen, an Kindergarten- und Heimkindern. Nicht selten versagte die kirchliche Aufsicht und Leitung bei Prävention und Aufarbeitung – wenn sie nicht gar aktiv das Geschehen vertuschte oder verharmloste.

Sexualisierte Gewalt und die in diesem Kontext gebotene Orientierung an der Perspektive derjenigen, denen sexualisierte Gewalt angetan worden ist, nötigt zu größter Sensibilität im Umgang mit dem Gedanken der Vergebung. Wenn hier vorschnell von Vergebung geredet wird, kann bei den betroffenen Menschen der Eindruck entstehen, dass gerade sie versöhnlich auf die Kirche oder gar die Täter oder Täterinnen zugehen sollen. Hier ist die menschliche Begrenztheit von Vergebung zu beachten (vgl. hierzu 6.4). Gegen das Beschweigen (*Silencing*) von sexualisierter Gewalt und die mit ihm einhergehende erneute Viktimisierung ist es dringend geboten, die Erfahrungen der Betroffenen zu hören, ernst zu nehmen und daraus Konsequenzen für das kirchliche Handeln zu ziehen, so zum Beispiel im achtsamen Umgang mit den Betroffenen, in der Aufarbeitung und in der Prävention.

Entscheidend ist nicht zuallererst Vergebung, sondern zunächst einmal Verantwortungsübernahme. Dies beinhaltet unter anderem, einen Raum der Solidarität zu schaffen, der Brüche und Verletzungen deutlich erkennbar macht und nicht übergeht. Die Kirche muss zugleich selbstkritisch fragen, welche eigenen Strukturen die sexualisierte Gewalt ermöglichen oder befördern.[8] Wenn sie nicht unmissverständlich und klar ihre eigene Schuld bekennt und erkennbar Buße tut, kann es keine Aufarbeitung von sexualisierter Gewalt in ihren eigenen Reihen geben.

5.6 Justiz und Rechtspflege

Im Rahmen von Justiz und Rechtspflege sind Situationen und Konstellationen im Blick, in denen es (mehr oder weniger) eindeutig Täter und Opfer gibt. In der rechtlichen Behandlung solcher Situationen geht es um einzelne und konkrete Fälle und die Erhebung der in ihnen geschehenen Schuld sowie um den angemessenen Ausgleich oder auch die angemessene Strafe.

Die Gesellschaft kann nur bestehen, wenn sie die das Zusammenleben ermöglichenden Rechtsgüter schützt, wenn sie die Verletzung dieser Rechtsgüter unter Strafandrohung stellt und in der Lage ist, Rechtsverletzungen mit Strafen und Maßregeln zu belegen. Es gibt Schuldverstrickungen, bei denen eine juristisch geordnete und regulierte Behandlung menschlicher Schuld unverzichtbar und unvermeidbar ist. Würde ein Staat Straftaten nicht ahnden, wäre es um den Rechtsfrieden geschehen. Die Verbindlichkeiten des Rechts gelten für alle. Der Anspruch des Rechts würde aufgelöst werden, wenn die Glieder der Gesellschaft nicht die verbürgte Gewissheit hätten, dass Vergehen und Verbrechen angeklagt und bestraft werden. Aus verantwortungsethischer Sicht muss die Wahrung des Rechts für alle gefordert werden: „Recht muss Recht bleiben" (Ps 94,15). Der durch die

---

8 Vgl. den Beschluss (11-Punkte-Plan) der EKD Synode vom 14.11.2018: Verantwortung und Aufarbeitung bei sexualisierter Gewalt in der Evangelischen Kirche (https://www.ekd.de/11-punkte-plan-missbrauch-evangelische-kirche-44841.htm).

Schuld verletzte Rechtsfrieden muss wiederhergestellt, es müssen Bedingungen geschaffen werden, die einem neuerlichen Aufflammen der zu verfolgenden Schuldtatbestände vorbeugen.

Es ist jedoch nicht nebensächlich, ob das juristische Schuldverständnis unter dem Vorzeichen der Gerechtigkeit Gottes gesehen und auf diese Weise deutlich wird, dass sich kein irdischer Richter mit dem göttlichen Richter und Erbarmer verwechseln darf. Dann wird nämlich die Relativität der menschlichen Rechtsfindung und Rechtsprechung offenbar, die überdies oft mit übersteigerten Erwartungen verknüpft sind, die sich so nicht einlösen lassen.

Wer Barmherzigkeit mit den Tätern fordert, kann das nicht tun, ohne sich in die Perspektive ihrer Opfer zu versetzen. Sie haben zuallererst ein Anrecht auf Schutz und auf Wiedergutmachung. Aussöhnung mit den Tätern auf Kosten der Opfer wäre ein evangeliumswidriges Unterfangen, da uns das Evangelium immer auf die Seite der Schwachen stellt. Natürlich können dann auch Täter auf der Seite der Schwachen zu stehen kommen, vor allem dann, wenn ihr Fall öffentlich wird und zum Freiheitsentzug führt. Aber zuerst verlangen die Opfer ihr Recht und ihren Anspruch auf Zuwendung.

Häufig fixiert sich die öffentliche Aufmerksamkeit auf diejenigen Fälle, bei denen Schuld justitiabel ist und die Gerichte und die Medien beschäftigt. Eine solche Form der Schuldwahrnehmung muss selbstkritisch als Verengung und Verkürzung durchschaut werden. Aus der Perspektive des Evangeliums ist der Blick auf das menschliche Leben als Ganzes zu richten. Dann wird erkennbar, dass mit der Tat, die vor Gericht angeklagt wird, nur ein markanter Ausschnitt eines komplexen Schuldzusammenhangs zum Vorschein kommt.

Die juristische und die theologische Sichtweise sind voneinander zu unterscheiden, dürfen aber nicht getrennt werden. Auf der Linie der juristischen Perspektive ist deutlich, dass es Situationen, gibt, in denen Schuld im Rahmen menschlicher Einsicht konkret bestimmt werden muss, zwischen Tätern und Opfern zu unterscheiden ist und es geregelte Prozesse der Bestrafung und gegebenenfalls des Ausgleichs geben muss. Auf der Linie der theologischen Sichtweise ist deutlich, dass Menschen als Täter und als Opfer jeweils mehr sind als eben dies. Sie bleiben in ihrer Unterschiedenheit beide auf die Versöhnungsbotschaft des Evangeliums angewiesen.

5.7 Erinnerungskultur und Aufarbeitung von Vergangenheit

Auch im gesamtgesellschaftlichen Zusammenhang spielen Orte kollektiver Erfahrung von Schuld und Vergebung eine bedeutsame Rolle. Sie können die Geschichte ganzer Völker und Epochen prägen.

Die Verbrechen des Nationalsozialismus haben gezeigt, dass es ein Unheil gibt, an dem die traditionellen Kriterien für Schuld und Vergebung versagen. Bis zum Ende des 19. Jahrhunderts hatten sich kriegerische Konfliktparteien in ihren Friedensverträgen auf eine Generalamnestie und auf das Vergessen aller zurückliegenden Unrechtstaten (*perpetua oblivio culpae*) verständigt. Ob das jemals gelang, ist eine Frage für sich. Im 20. Jahrhundert aber wird auf erschreckende Weise deutlich, dass es Schuldkonstellationen gibt, in denen nur andauernde Schulderinnerung zukunftsfähig macht. Hier wird das Erinnern zu einer beständigen Aufgabe der Versöhnung und Aussöhnung. Gerade dadurch, dass die unfassbare Last geschichtlicher Schuld bedacht und ihrer Opfer gedacht wird, werden die geistigen Grundlagen für neue Anfänge und den Widerstand gegen die Wiederholung der Verbrechen gelegt.

Keineswegs kann hier das Vergeben der Schuld auf Vergessen hinauslaufen. Es gibt Schuld, die zwar im Einzelfall, von Mensch zu Mensch, vergeben werden kann, aber dennoch nicht vergessen werden darf. Das Nicht-Vergessen-Dürfen kann sogar zu einer Verpflichtung werden, die aus dem Erbarmen mit Opfern und Tätern erwächst, während es erbarmungslos wäre, das Vergangene endlich *ad acta* zu legen. Es gibt historische Schuldkonstellationen, in denen Vergebung wünschenswert ist, aber Vergessen unverantwortlich wäre. Wenn sich dann in der Begegnung von Menschen Versöhnung einstellt oder wenn die wachsende zeitliche Distanz Annäherung über die Schandmale der Schuld hinweg ermöglicht, auch dann darf nicht vergessen werden. Das widerspricht nur scheinbar der Praxis der Vergebung im Licht des Evangeliums, denn eine solche Praxis der Vergebung befreit gerade zur Schuldeinsicht und -erinnerung.

Vor ähnlichen Fragen stehen Völker, in deren Mitte die einen von den anderen drangsaliert, verfolgt oder gar ermordet wurden. Wie kann unter neuen Verhältnissen gesellschaftliches Zusammenleben gelingen, wenn eine Gesellschaft aus Menschen besteht, die im Rahmen des bisherigen politischen Systems einander Gewalt zugefügt haben? Anders als in individuellen Konstellationen, in denen es möglich ist, dass Täter und Opfer einander nicht mehr begegnen, steht die Erinnerungskultur einer solchen Gesellschaft vor der Herausforderung, dass ihr Zusammenhalt und das gedeihliche Zusammenleben ein politisches Ziel bilden, das nur erreicht wird, wenn umfassende

Prozesse der Versöhnung, Aufarbeitung und Anerkennung von Schuld eingeleitet werden.

Zwischen dem Vergeben und dem Ringen um eine angemessene Erinnerungskultur besteht eine unaufhebbare Spannung. Das Ringen um Erinnerung zielt darauf, das Leid der Opfer anzuerkennen und es nicht erneut zu verschweigen. Das Ringen um Vergebung macht deutlich, dass es Ausdruck und Ergebnis von Vergebungs- und Versöhnungsprozessen ist, dass die schuldhaften Taten ihre beziehungsstörende Macht verlieren und sich nicht wiederholen, weil Neuanfänge möglich werden. Auch wenn bei diesem Ringen die Grenzen des Vergebens respektiert werden müssen (vgl. unten 6.4), können geschichtliche Schuldkonstellationen durch Aussöhnung befriedet werden und Wunden der Schuld mit der Zeit vernarben.

5.8 Die Verantwortung der Medien

Schuld ist stets schlagzeilenträchtig. Mit dem Entlarven und Aufweisen von Schuld wird Geld verdient. In der gesellschaftlichen Öffentlichkeit geraten manche Medien nicht selten in die Rolle, die in früheren Zeiten dem Pranger vorbehalten war. Sie reagieren auf das Bedürfnis ihrer Nutzer nach Sensation und moralischer Selbstbestätigung und entscheiden über das Wohl und Wehe von Karrieren. Wenn ein reuiger Politiker oder eine reuige Politikerin vor die Presse tritt, fühlt man sich an die öffentlichen Bußrituale erinnert, wie sie früher in der Kirche praktiziert wurden.

Mediale Kampagnen der Empörung und Entrüstung werden die Prozesse der gesellschaftlichen Kommunikation und Meinungsbildung unweigerlich so beeinflussen, dass Abgewogenheit und Klarheit der Urteilsbildung Schaden nehmen. Hier ist in hohem Maße journalistische Achtsamkeit gefragt, die sich an der Würde der mutmaßlichen Täterinnen und Täter sowie der Unschuldsvermutung orientiert. Mediennutzer sollen bei ihrer Meinungsbildung durch kluge Informationen und sachbezogene Kommentare unterstützt, nicht jedoch durch simplifizierende Schlagzeilen moralisch gegängelt werden.

Journalistinnen und Journalisten betrachten Schuld in der Außenperspektive des Beobachters. Das ist ein Vorteil, weil der Blick nicht durch Befangenheit und Aufregung getrübt wird. Zugleich ist es Anstoß zur Behutsamkeit bei Berichterstattung und Bewertung.

6. Aus der Vergebung leben und Versöhnung erfahren

Christinnen und Christen leben aus dem Glauben an die befreiende Kraft von Gottes Evangelium in Jesus Christus. Deshalb hoffen sie darauf, dass das Leben in der Entfremdung überwunden werden kann und der Eskalation nicht nur Grenzen gesetzt sind, sondern auch ein geistiges Klima gestiftet wird, in dem wir einander vergeben können und Versöhnung angebahnt und verwirklicht wird.

6.1 Der Grund der Vergebung: Gottes Versöhnungstat in Jesus Christus und die Hoffnung auf Gottes Reich

Grund dieser Hoffnung ist der Weg Jesu Christi durch Leiden und Tod, den Christinnen und Christen als einen stellvertretenden Weg verstehen. Die Sünde der Menschen als Entfremdung von Gott, von den Mitmenschen und von sich selbst führt im Ergebnis zur Zerstörung der Beziehungen, die unser Leben bestimmen und reich machen. Am Ende steht der Tod als Inbegriff einer totalen Beziehungslosigkeit. In Jesus Christus eröffnet Gott eine heilsame Gegenbewegung. Seine unerschöpfliche Liebe setzt die lebensschaffende Bewegung des Evangeliums frei, das die dem Tod geweihte Situation überwindet und die Welt aus der Dynamik von Entfremdung und Unheil herausholt, indem es sie von innen heraus aufbricht und unserem Beziehungsleben ein neues Fundament gibt. Gott ist es, der die Initiative ergreift und sich mit dem leidenden Menschensohn identifiziert.

So wird Jesus Christus an unserer Stelle von den tödlichen Folgen unserer Entfremdung von Gott getroffen. Er wird dem Gericht ausgesetzt, dessen Urteil eigentlich uns treffen müsste. Er stirbt den Tod, den wir sterben müssten. So erlebt Jesus Christus einerseits in seiner Passion, wie es ist, von Gott und Mensch verlassen zu sein. Weil Gott sich andererseits mit ihm identifiziert, bleibt es nicht bei dieser Situation von totaler Entfremdung, Gericht und Tod. Die christliche Osterbotschaft sagt: Es beginnt ein neues Leben. Das Osterlicht beleuchtet ein Leben aus der Versöhnung mit Gott, aus der die Versöhnung mit den anderen Menschen und mit dem eigenen Leben folgen (können) (vgl. Für uns gestorben. Die Bedeutung von Leiden und Sterben Jesu Christi, 2015, Kap. 6).

Christinnen und Christen glauben, dass Gott in Tod und Auferstehung Jesu Christi die Menschen mit sich versöhnt hat. Darin zeigt sich die unerschöpfliche Liebe des Schöpfers zu seinen menschlichen Geschöpfen.

Aber die Sünde wird nicht ungeschehen gemacht. Vielmehr wird sie in einem Klima von Vergebung und Versöhnung überhaupt erst erkennbar, weil nicht mehr getäuscht, verheimlicht oder übertüncht werden muss. Insofern sind in den Übergang von Sündenerkenntnis und Vergebung auch der Vollzug und die Anerkennung des göttlichen Gerichtes über die Sünde eingeschlossen. Indem Gott die Sünde richtet, wird sie einerseits durchschaut und andererseits wird ihr die das Leben bestimmende Macht genommen. Durch die vergebende und versöhnende Liebe Gottes erhält das Leben ein neues Fundament. Dadurch wird ein Neuanfang, eine neue Ausrichtung möglich.

6.2 Die christliche Hoffnung und die Vergebung in der Freiheit eines Christenmenschen

Christinnen und Christen hoffen auf das Reich Gottes. In und durch Jesus Christus finden sie sich ausgerichtet auf ein Leben mit Gott, in dem Entfremdung und Sünde vollständig und endgültig überwunden sind. Diese Hoffnung motiviert dazu, schon in diesem Leben durch Vergebung neue Anfänge zu ermöglichen, Zeichen der Versöhnung zu setzen, Entfremdung zu überwinden, das neue Leben erfahrbar und sichtbar werden zu lassen.

Diese Verbindung von Hoffnung auf das Reich Gottes und Überwindung der Sünde in Wort und Tat findet sich bereits in der Jesusüberlieferung. Im Vaterunser, dem Gebet, das Jesus seine Jüngerinnen und Jüngern lehrte, ist die Bitte um Vergebung zentral (Mt 6,12, vgl. oben 4.6). Jesus selbst hat in höchster Todesnot den himmlischen Vater gebeten, seinen Peinigern zu vergeben (Lk 23,34). Schon die frühen Christinnen und Christen erinnern bei der Feier des Abendmahls daran, dass Jesu Blut zur Vergebung der Sünden vergossen wurde (wie es im sogenannten Kelchwort heißt). Christinnen und Christen sind an den Tisch des Herrn geladen, gerade weil sie Sünderinnen und Sünder sind. Sie dürfen im gemeinsamen Mahl die Aufhebung dieser Entfremdung von Gott und voneinander leibhaft erfahren. In diesem Sinne nimmt die Feier des Heiligen Abendmahls das Reich Gottes vorweg und verweist auf es.

Die Kategorie der Vergebung ist komplex, denn bei Vergebung geht es nicht darum, die Sünde einfach ungeschehen zu machen oder zu übertünchen. Vielmehr schlägt die Vergebung eine Brücke über Abgründe. Daher steckt in der Vergebung ein tiefer

Realismus, denn sie sieht der Sünde ins Auge. Aber sie baut Distanz zur Sünde auf und ermöglicht Freiheit von ihr. Vergebung legt nicht mehr auf die Sünde fest, sondern ermöglicht Einvernehmen mit Gott, mit den Mitmenschen und mit dem eigenen Selbst. Auf diese Weise macht Vergebung Neuanfänge möglich.

Martin Luther hat diese von Gott her ermöglichte Bewegung in uns als Freiheit eines Christenmenschen bezeichnet. Es handelt sich um ein vertieftes Verständnis von Freiheit, weil es den *Weg zur* Freiheit, der in uns mit der Dialektik von Sünde und Freiheit beginnt, einschließt. Die aus dem Evangelium erwachsene Freiheit umschließt nun die Spannung von Sünde und Versöhnung. Sie ist geschenkte Freiheit. Sie schafft reale Freiheit, weil die Sünde nicht mehr von Gott trennt. Im Glauben treten wir souverän vor Gott. Vergebung schafft aber auch vollmächtige Freiheit, die die Vergebung weitergibt. „Darum sind wir in Christus alle Priester und Könige, alle die wir an Christus glauben", schreibt Martin Luther in seinem Freiheitstraktat.

6.3 Die Praxis der Vergebung

Zur königlichen Vollmacht, von der Martin Luther spricht, gehört, dass Christinnen und Christen sich direkt, d.h. ohne sakramentale Vermittlung, an Gott wenden können. Mit dem „Vaterunser" hat Jesus jeder Christin und jedem Christen diejenigen Worte gegeben, mit denen sie vor Gott treten und beten können. Die Bitte „Und vergib uns unsere Schuld" ist ein wesentliches Element des als Gebet gestalteten Gottesverhältnisses. Zur priesterlichen Vollmacht der Freiheit gehört, dass Christinnen und Christen die von Gott erbetene Vergebung weitergeben. Auf die Bitte „Und vergib uns unsere Schuld" folgt der in der Übersetzung Martin Luthers Indikativ „wie auch wir vergeben unseren Schuldigern" (Mt 6,12). Im griechischen Original ist das Verhältnis der beiden knappen Sätze nicht eindeutig. Die Leitbegriffe sind dem Gläubiger-Schuldner-Verhältnis entnommen und bezeichnen Geldschulden, die erlassen werden sollen (vgl. oben 4.6). Sie stammen aus der Welt des Finanzwesens, in dem schon damals Barmherzigkeit systemwidrig war. In jedem Fall setzt das Gebet die Nicht-Selbstverständlichkeit der göttlichen Vergebung voraus, auf die die Betenden dennoch vertrauen und um die sie bitten. Der Verweis auf das eigene Vergeben ist Ausdruck der kritischen Reflexion auf das eigene Handeln, das in irgendeiner Weise dem Schuldenerlass, der von Gott erbeten wird, entsprechen soll. Das Gebet Jesu zeigt: Die Praxis der Vergebung ist Teil sowohl des Glaubens als auch des christlichen Handelns und ermöglicht neue Gestaltungsmöglichkeiten zum Leben, Lieben und Arbeiten.

Mit den königlichen und priesterlichen Anteilen der Freiheit eines Christenmenschen ist die Einsicht verknüpft, dass das vergebende Handeln nicht den Amtsträgerinnen und Amtsträgern der Kirche vorbehalten ist. Vielmehr sind alle Christinnen und Christen zum Vergeben aufgerufen. Ihrem Verbundensein in der Sünde (vgl. oben 3.3) entspricht eine Solidarität in der gegenseitigen Gewährung von Vergebung.

Freilich ist zwischen dem Akt der Vergebung und der Praxis der Versöhnung zu unterscheiden. Schon das Vergeben versteht sich nicht von selbst, sondern ist in mehrfacher Hinsicht anspruchsvoll. Es gibt nämlich keinen Anspruch auf Gottes Vergebung, sie wird uns vielmehr aus Gnade zuteil. Das Gebet Jesu zeigt, dass diese Gnade nicht billig zu haben ist, weil sie sich der grundlosen Güte Gottes verdankt. Als Geschenk Gottes schafft

Vergebung in uns die Voraussetzungen für eine Praxis des Vergebens, in die wir in aller Freiheit und nach eigenen Kräften und Vermögen handelnd eintreten. Aber kein Mensch hat Anspruch auf Vergebung. Niemand kann verlangen, dass Andere ihm oder ihr vergeben. Vielmehr gründen die Bitte um Vergebung und das vergebende Wort in der Freiheit des Vergebens, die nicht an Vorbedingungen geknüpft ist. Reue und Buße unterstreichen den Ernst der Bitte um Vergebung. Sie bilden das Rückgrat des lebensweltlichen Umgangs mit Schuld und Sünde. Aber auch sie sind keine Vorbedingungen für das vergebende Wort.

Zur Freiheit, aus der heraus es zur Vergebung kommt, kann daher gehören, dass sie folgenlos bleibt. Es gehört zu ihrer Bedingungslosigkeit, dass sie gewissermaßen eine riskante Vorleistung sein kann, die nicht auf zuverlässige Resonanz bei Dritten rechnet. Trotzdem wird sie nicht vergeblich sein, denn zur christlichen Hoffnung gehört, dass Gott das vollenden wird, was in seinem Namen begonnen wurde. Der Akt der Vergebung ist auf eine sichtbare Versöhnungspraxis ausgerichtet, in der durch Zeichen oder Rituale, aber auch durch konkrete Gestaltung des Alltags die neue Wirklichkeit erfahrbar wird. Die Versöhnungspraxis erfordert wegen der zurückliegenden Schuldverhältnisse und Verletzungen große Sensibilität und wechselseitige Rücksicht. Die Gefahr, dass durch asymmetrische Wissens-, Macht- oder Gewaltkonstellationen Versöhnung erzwungen und damit um ihre Wirkung gebracht wird, ist unbedingt ernst zu nehmen. Wie der Akt der Vergebung, so gründet die Versöhnungspraxis in der Freiheit der Beteiligten, die einander mit einer unbedingten Friedensgesinnung, mit Respekt und Toleranz begegnen. „Selig sind, die Frieden stiften, denn sie werden Gottes Kinder heißen" (Mt 5,9), so spricht der Jesus der Bergpredigt.

Zur Vergebung aus der christlichen Freiheit gehört, dass das Gericht über die menschliche Sünde Gott überlassen wird. So wie Jesus die großen und die kleinen Tribunale des Richtens und Verdammens durchkreuzt hat (s. oben 1.4), so sind wir als Versöhnte davon entlastet, über Andere vorschnelle und/oder endgültige Urteile zu fällen. Schon der Jesus der Bergpredigt ermahnt seine Jüngerschaft: „Richtet nicht, damit ihr nicht gerichtet werdet. [...] Was siehst du aber den Splitter in deines Bruders Auge und nimmst nicht wahr den Balken in deinem Auge?" (Mt 7,1.3).

Daher übt die Vergebungspraxis der christlichen Freiheit im zwischenmenschlichen Bereich Nachsicht mit den Eigenarten der Anderen. Sie hat Geduld mit denen, die uns enttäuschen. Sie reicht die Hand, wo jemand sich abgewendet hat, und zeigt sich offen und gesprächsbereit, wenn eine verschlossene oder wortlose Atmosphäre herrscht. Die Vergebungspraxis baut Blockaden ab, reißt Mauern ein, bahnt neue Wege. Der Verfasser des Kolosserbriefes schreibt: „So zieht nun an als die Auserwählten Gottes, als die Heiligen und Geliebten, herzliches Erbarmen, Freundlichkeit, Demut, Sanftmut, Geduld; und ertrage einer den andern und vergebt euch untereinander, wenn jemand Klage hat gegen den andern; wie der Herr euch vergeben hat, so vergebt auch ihr! Über alles aber zieht an die Liebe, die da ist das Band der Vollkommenheit." (Kol 3,12–14).

Die Vergebungspraxis bezieht sich auf die Gräben im Zwischenmenschlichen, die durch Vertrauensbruch, Verrat, Mobbing und sexualisierte Gewalt aufgerissen werden. Wieder ist zu betonen, dass es hier keine Erwartung zur Vergebung, keine Pflicht, keinen formalen Zwang zur Vergebung oder gar einen

Vergebungsautomatismus gibt. Vielmehr müssen die Bereitschaft und die innere Freiheit zur Vergebung sich entwickeln können. Alles andere führte zu einer abermaligen Belastung der Opfer. Es ist daran zu erinnern, dass die Vergebungspraxis in der Freiheit eines Christenmenschen gründet und nur in und aus Freiheit heraus vergeben werden kann.

Die Praxis des Vergebens aus christlicher Freiheit bezieht sich auch auf die Brüche im Selbstverhältnis. Die im Glauben empfangene Vergebung will auch den Umgang mit den eigenen Fehlern und Irrtümern erleichtern, das Eingeständnis von eigenem Ungenügen oder Versagen ermöglichen und helfen, den Ärger über ein schuldhaftes Nicht-Wissen hinter sich zu lassen. Im Glauben an die Vergebung hat auch das eigene schlechte Gewissen nicht das letzte Wort über uns. Versöhnung durch Gott macht unser Gewissen frei, das schlechte ebenso wie das gute.

Die Praxis des Vergebens aus christlicher Freiheit hat auch eine gesellschaftliche Dimension. Die christlich geprägten Nationen haben der von Deutschland ausgehenden Entfesselung des Bösen im Zweiten Weltkrieg das europäische Versöhnungs-, Friedens- und Einigungswerk entgegengesetzt. In vielen posttotalitären Gesellschaften hat man sich – inspiriert von der christlichen Vergebungspraxis – mit Hilfe von Wahrheits- und Versöhnungskommissionen erfolgreich bemüht, die Untaten der Vergangenheit aufzuarbeiten, Opfer und Täter in einen Dialog zu bringen und einen gemeinsamen Weg in die gesellschaftliche Zukunft zu bahnen, ohne Untaten oder Unrecht zu verschweigen. Klar wurde dabei auch: Diese Versöhnungsarbeit hat eine geistige, eine rechtliche und eine materielle Dimension, die einander ergänzen müssen.

Auch die Kirchen fühlen sich von der Versöhnungsarbeit in die Pflicht genommen. So wurden die dogmatischen Verwerfungen aus dem 16. Jahrhundert, als man sich wechselseitig mit Bannsprüchen überzog und jegliche Gemeinschaft aufkündigte, theologisch entschärft. Es gibt zwar weiterhin wichtige theologische Unterschiede zwischen den Kirchen, aber sie werden durch eine kooperative theologische und ethische Praxis eingefriedet. Die ökumenische Zusammenarbeit hat auf vielen Gebieten die konfessionellen Trennungen in Städten, ländlichen Räumen und zwischen Familien überwunden. „Versöhnte Verschiedenheit" ist das Stichwort, das die ökumenische Zusammenarbeit zwischen den Kirchen treffend beschreibt, das gemeinsame Ziel benennt, ohne die oftmals als schmerzlich empfundenen Unterschiede zwischen den Konfessionen zu überspielen. Aus Anlass des Reformationsgedenkens 2017 haben sich die römisch-katholische Deutsche Bischofskonferenz und die Evangelische Kirche in Deutschland in dem gemeinsamen Wort „Erinnerungen heilen – Jesus Christus bezeugen" darauf verständigt, die Erinnerungen an das Leid, dass sich Christinnen und Christen in der Vergangenheit aus konfessionellen Gründen wechselseitig schuldhaft zugefügt haben, zu heilen „und zu einem Mittel der Versöhnung werden zu lassen" (Erinnerungen heilen – Jesus Christus bezeugen, 2016, 15). Die Erinnerung soll von einem Mittel der Abgrenzung zu einem Mittel der Versöhnung werden. Die bleibenden Unterschiede hindern die Kirchen nicht daran, vertrauensvoll zusammenzuarbeiten und hoffnungsvoll gemeinsame Gottesdienste zu feiern. „Dann können die Verletzungen aus der Geschichte vernarben" (ebd.). Eine solche Heilung der Erinnerungen ermöglicht die Haltung wechselseitigen Respekts, der Lernbereitschaft und der Offenheit für Kritik. Dies eröffnet die Chance und ermutigt dazu, auf dem eingeschlagenen ökumenischen Weg geduldig und zielstrebig weiterzugehen und das Gemeinsame zu stärken.

6.4 Grenzen der Fähigkeit zur Vergebung

Die Fähigkeit zur Vergebung kennt Grenzen. Die Vergebung konkreter Schuld kann nicht von Dritten eingefordert und auch nicht einfach von ihnen im Namen der Betroffenen gewährt werden. Vergebung darf nicht dazu führen, dass Schuld banalisiert oder eine kritische Aufarbeitung verhindert wird. Die Absage an eine Nötigung zur Vergebung ist nicht nur eine Sache seelsorglicher Rücksicht auf die Opfer, sondern hat vor allem theologische Gründe. Im Blick auf die Rede von Gott besteht eine Spannung zwischen Gottes Gerechtigkeit und Gottes Barmherzigkeit. Beides sind wesentliche Weisen der Zuwendung Gottes zur Welt. Im Anschluss an die Tora-Tradition steht das Recht aufrichtende Handeln Gottes im engen Zusammenhang mit seiner Barmherzigkeit. Schuld darf daher nicht trivialisiert werden, auch nicht aus theologischer Sicht. Eine solche Banalisierung geschähe auf zweierlei Weise: durch die Verschleierung oder das Verschweigen konkreter Täter-Opfer-Konstellationen zu Ungunsten der Opfer oder durch eine leichtfertig ausgesprochene Vergebung, die die Schwere der Schuld ignoriert.

Zur Praxis des Vergebens gehört die interpersonale Konstellation der an einem Schuldkonflikt Beteiligten. Keine Person oder Institution kann hier stellvertretend für die unmittelbar Beteiligten agieren. Aus diesem Grund ist auch eine Vergebung über Epochen hinweg, bei der die Nachfahren Vergebung für die Schuld ihrer Vorfahren erbitten oder gewähren, nicht vorstellbar. Hier kann nur Gott vergeben – im Jüngsten Gericht. Freilich können Institutionen und Kollektive wie Völker und Gruppen durch Zeichen der Wiedergutmachung sowie den Aufbau und die kontinuierliche Pflege einer Erinnerungskultur an der Versöhnung zwischen ehemals Verfeindeten mitwirken. Entscheidend sind hierbei vertrauensbildende Maßnahmen, die auf ein „Healing of Memories" hinwirken und durch die „Vernarbung" (Dietrich Bonhoeffer) der von der Schuld geschlagenen Wunden die Verwerfungen früherer Epochen einhegen. Dieser Prozess schließt ein, dass Schuld benannt, Ursachen erforscht, das Leid der Opfer nicht verschwiegen, sondern anerkannt und in deren Eigenperspektive berücksichtigt wird.

Die Grenzen menschlicher Vergebungsfähigkeit lassen sich vom Gedanken des Gerichts Gottes her würdigen. Das schließt die Vorstellung ein, dass Gott hier mit verändernder Kraft wirkt. Sein Gericht wird der Ort sein, an dem er sein Recht aufrichtet. Was zwischenmenschlich nicht vergeben werden kann, wird noch einmal an einem dritten Ort zur Sprache kommen.

Die geschehene Versöhnung zwischen Gott und Mensch ist der Kern des Kreuzesgeschehens. Sie weist von der Vergangenheit in die Gegenwart und von dort aus eröffnet sie den Horizont von Erwartung und Verheißung. Alle konkreten Lebens- und Schuldgeschichten stehen immer schon im Licht dieses Horizonts von Erwartung und Verheißung. Aus der Perspektive auf das Gericht wird deutlich: Niemand ist im Blick auf sein ganzes Leben nur Täter oder nur Opfer. Das Beschämende des Lebens wird unter den gnädigen Augen Gottes aufgedeckt und zurechtgebracht. Dies führt im Blick auf die Frage von Schuld und Vergebung sowohl zu einer Relativierung als auch zu einer Verschärfung: Die Verschärfung besteht darin, dass von der Perspektive auf konkrete Schuldverstrickungen her eine leichtfertige Rede von Vergebung unmöglich wird. Die Relativierung besteht darin, dass angesichts der Verheißung des Recht schaffenden, göttlichen Gerichts die Grenzen der menschlichen Vergebungsfähigkeit geachtet werden können.

6.5 Der Geist der Vergebung

Der christliche Glaube steht in erster Linie für die ideelle Seite der Sündenerkenntnis und der Überwindung von Negativität und Schuld ein. Er erzeugt gewissermaßen einen Raum, in dem die Atmosphäre von Hass, Ausgrenzung und Gewalt überwunden, menschliche Versöhnungsbereitschaft wachsen und oftmals auch riskante Vergebungspraxis wirksam werden kann. Denn nur in einem Klima der Vergebung kann sich Sündenerkenntnis überhaupt bilden (s. oben 1.4).

Durch die Sünde wird das Lebenswichtige und dem Leben Dienliche bis zu seinem Verlust in Mitleidenschaft gezogen (vgl. oben 4.7). Im Klima der Vergebung und Sündenerkenntnis können Menschen neuen Lebensmut und neue Lebensfreude finden. Sie gehen aufeinander zu und öffnen sich für Gott. In den so heilenden und geheilten Beziehungen können sich Vertrauen, Mut, Zuversicht und Lebensfreude frei entfalten. Die ersehnte und in ihr Gegenteil umschlagende Freiheit (s. oben 3.6) kehrt in das Leben zurück. In der Entscheidung für das Rechte und Gute kommt sie zu sich selbst. Der den Glaubenden geschenkte freudige Mut zum lebensdienlichen Engagement vermag die Angst vor dem Verlust der Freiheit hinter sich zu lassen. Gott wird hier nicht als Bedrohung, sondern als Grund und als Quelle unserer Freiheit erfahren. Dieses geistige Klima gestaltet sich wie ein Netzwerk, aus dem niemand ausgeschlossen werden soll. Es bietet Anknüpfungspunkte dafür, dass die Menschen trotz Abwendung, Entfremdung und Versagen mit Gottes Liebe verbunden sind, miteinander kooperieren, darin ihre Freiheit erproben und der gemeinsame Kurs auf das Reich Gottes gehalten werden kann. Schuld und Sünde sind eingebunden in den gemeinsamen Willen, einander wechselseitig neue Chancen einzuräumen.

Die Kirche ist ein wesentlicher Knotenpunkt in diesem Netzwerk, weil sie den Geist der Vergebung und Versöhnung vielstimmig predigt und situationsbezogen auslegt. Christinnen und Christen knüpfen in ihrem Leben, in Partnerschaft, Familie und Beruf auf ihre Weise an diesem Netzwerk weiter.

Zur christlichen Hoffnung auf das Reich Gottes gehört, dass die ganze Schöpfung einmal so verwandelt werden wird, dass sie sich als Resonanzraum von Vergebung und einer an sie anschließenden Versöhnungspraxis darstellt. In diesem Sinne repräsentiert und realisiert der Geist der Vergebung in der Fülle seiner Gaben die in Jesus Christus sicht- und erfahrbare Liebe des dreieinigen Gottes zu seinen menschlichen Geschöpfen.

Literatur

Axt-Piscalar, Christine. „In sich verstrickte Freiheit. Zur Gegenwartsbedeutung von Sören Kierkegaards Sündenlehre", in: Chr. Axt-Piscalar u. M. Lasogga, Christliche Existenz heute. Beiträge zur Gegenwartsbedeutung der Theologie Sören Kierkegaards. Leipzig 2015, S. 11–33.

Dies., Art. „Sünde, VII. von der Reformation bis zur Gegenwart", in: TRE, Bd. 32 (2000), S. 400–436.

Beintker, Michael. „Vergeben", in: M. Beintker u. H.-P. Großhans (Hgg.). Menschliches – Allzumenschliches. Phänomene des Menschseins in den Horizonten theologischer Lebensdeutung. Leipzig 2020, S. 319–334.

Dalferth, Ingolf U. Sünde. Die Entdeckung der Menschlichkeit. Leipzig 2020.

Dietz, Thorsten. Sünde: Was Menschen heute von Gott trennt. Witten 2016.

Für uns gestorben. Die Bedeutung von Leiden und Sterben Jesu Christi. Ein Grundlagentext des Rates der Evangelischen Kirche in Deutschland (EKD). Gütersloh 2015.

Rechtfertigung und Freiheit. 500 Jahre Reformation 2017. Ein Grundlagentext des Rates der Evangelischen Kirche in Deutschland (EKD). Gütersloh 2014, ⁴2015.

Mitglieder der Kammer für Theologie der EKD

- Prof. Dr. Christine Axt-Piscalar (stellv. Vorsitzende)
- Prof. em. Dr. Dr. h.c. Michael Beintker (stellv. Vorsitzender)
- Prof. Dr. Martina Böhm
- Direktor i.R. Dr. Dr. h.c. Peter Bukowski
- Prof. Dr. Corinna Dahlgrün
- Prof. Dr. Hans-Joachim Eckstein
- Bischof i.R. Dr. Martin Hein
- Steve Kennedy Henkel
- Prof. Dr. Kirsten Huxel
- Prof. Dr. Volker Leppin
- Prof. Dr. Christl M. Maier
- Prof. Dr. Dr. h.c. mult. Christoph Markschies (Vorsitzender)
- Prof. Dr. Michael Moxter
- Prof. Dr. Miriam Rose
- Direktor Dr. Stephan Schaede
- Prof. Dr. Arnulf von Scheliha
- Pröpstin i.R. Gabriele Scherle
- PD Dr. Heike Springhart
- Prof. Dr. Heike Walz
- Dr. Johanna Will-Armstrong
- Prof. Dr. Hinnerk Wißmann

Ständige Gäste

- Prof. Dr. Thorsten Dietz
- Vizepräsident Dr. Thies Gundlach
- Pfarrer Dr. Martin Hirzel
- Prof. Dr. Thomas Söding

Weitere Gäste

- OKR Dr. Andreas Ohlemacher (VELKD)
- OKR Dr. Albrecht Philipps (UEK)

Geschäftsführung

- OKR Dr. Martin Hauger (Kirchenamt der EKD)

Evangelische Kirche in Deutschland (Hrsg.)

Religiöse Bildung angesichts von Konfessionslosigkeit

Aufgaben und Chancen

Ein Grundlagentext der Kammer der EKD für Bildung und Erziehung, Kinder und Jugend

148 Seiten | 12 x 19 cm
Paperback
ISBN 978-3-374-06326-0
EUR 8,00 [D]

In Deutschland gehört gut ein Drittel der Menschen keiner Kirche oder Religionsgemeinschaft an. Diese sogenannte Konfessionslosigkeit fordert die Kirchen heraus und betrifft alle kirchlichen Handlungsfelder, besonders jedoch die Bildungsarbeit.

Erstmalig stellt darum die Evangelische Kirche in Deutschland mit diesem Text konfessionslose Menschen, die Gründe und Hintergründe ihrer Konfessionslosigkeit und den Umgang damit systematisch in den Mittelpunkt. Angesichts nachlassender Bindungen betreffen die aufgezeigten Grundsätze, Aufgaben und Handlungsoptionen aber auch die eigenen Kirchenmitglieder.

EVANGELISCHE VERLAGSANSTALT
Leipzig www.eva-leipzig.de

Tel +49 (0) 341/ 7 11 41 -44   shop@eva-leipzig.de

Evangelische Kirche in Deutschland (Hrsg.)
Kinder in die Mitte!
Evangelische Kindertageseinrichtungen: Bildung von Anfang an

Eine Handreichung des Rates der Evangelischen Kirche in Deutschland

128 Seiten | 12 x 19 cm
Paperback
ISBN 978-3-374-06703-9
EUR 8,00 [D]

Professionell gestaltete Bildungseinrichtungen für Kinder gewinnen immer mehr an Bedeutung. Insbesondere jüngere Kinder verbringen dort mehr Zeit als früher. In dieser Entwicklung liegen nicht nur Herausforderungen, sondern auch Chancen für die evangelischen Kindertageseinrichtungen. Sie sind wichtige Orte frühkindlicher Bildung sowie religiöser Sozialisation.

In dieser Handreichung des Rates der EKD werden Kirchengemeinden und andere evangelische Träger früher Bildung ermutigt, die richtigen Weichen zu stellen, um die Qualität und Intensität ihrer frühen Bildungsangebote weiterzuentwickeln. Dazu gehören die Schärfung eines christlichen Profils, der Ausbau von Netzwerken sowie die Implementierung von Qualitäts- und Präventionskonzepten.

EVANGELISCHE VERLAGSANSTALT
Leipzig www.eva-leipzig.de

Tel +49 (0) 341/ 7 11 41 -44   shop@eva-leipzig.de

Im Auftrag des Präsidiums der Synode der Evangelischen Kirche in Deutschland hrsg. durch das Kirchenamt der EKD

Auf dem Weg zu einer Kirche der Gerechtigkeit und des Friedens

Ein friedenstheologisches Lesebuch

432 Seiten | 15,5 x 23 cm
Paperback
ISBN 978-3-374-06058-0
EUR 35,00 [D]

Gerechtigkeit und Frieden sind zentrale biblische Topoi. Angesichts der aktuellen, weltweiten friedenspolitischen Herausforderungen gilt es, die Friedensverheißungen der Propheten des Alten oder Ersten Testaments und die Friedensbotschaft Jesu Christi von Neuem zu bedenken und zu profilieren. Die weltweite Ökumene hat sich anlässlich der Vollversammlung des ÖRK in Busan 2013 auf einen Pilgerweg der Gerechtigkeit und des Friedens gemacht. An diesen knüpft die Synode der Evangelischen Kirche in Deutschland (EKD) im Jahr 2019 mit ihrem Schwerpunktthema Frieden an.

EVANGELISCHE VERLAGSANSTALT
Leipzig www.eva-leipzig.de

Tel +49 (0) 341/ 7 11 41 -44   shop@eva-leipzig.de

Ingolf U. Dalferth
Sünde
Die Entdeckung
der Menschlichkeit

432 Seiten | 14 x 21 cm
Paperback
ISBN 978-3-374-06351-2
EUR 32,00 [D]

Über Sünde zu reden, ist nicht populär – selbst in der Theologie nicht. Dabei handelt es sich nicht nur um ein theologisches Kernthema, sondern auch um einen Schlüssel zum Verständnis unserer Gegenwart.

Der international renommierte Theologe und Religionsphilosoph Ingolf U. Dalferth zeigt anhand der Frage nach dem, was den Menschen ausmacht, die Aktualität des Sündenbegriffs. Das Ergebnis ist keine klassische theologische Abhandlung, sondern eine Problemgeschichte, in der theologische Überlegungen bestimmte Entwicklungen in der europäischen Ideengeschichte erklären.

Dalferth zeigt, dass das »Vergessen« der Sünde und der Glaube an den »sündlosen« Menschen weder realistisch sind noch der Menschlichkeit des Menschen gerecht wird.

EVANGELISCHE VERLAGSANSTALT
Leipzig www.eva-leipzig.de

Tel +49 (0) 341/ 7 11 41 -44   shop@eva-leipzig.de